Si tu as cru au Père Noël
pendant 6 ans,
tu peux bien croire
en toi 5 minutes

Direction de la publication : Isabelle Jeuge-Maynart et Ghislaine Stora
Direction éditoriale : Élodie Bourdon
Édition : Mélissa Lagrange
Conception de la couverture : François Lamidon
Conception de la maquette intérieure et mise en pages : Nord Compo
Réalisation des schémas : Charlotte Vieillevigne
Préparation de copie : David Lerozier
Relecture : Céline Haimé
Fabrication : Émilie Mortier

ISBN : 978-2-03-596558-5

Cécile Dupire
et Guillemette Panayi

Préface de Cathérine Rambert

Si tu as cru au Père Noël pendant 6 ans, tu peux bien croire en toi 5 minutes

LAROUSSE

Préface

Il y a des livres que l'on regrette de ne pas avoir écrits.

Des livres dont l'idée vous semble tellement évidente et ancrée dans l'époque que vous vous dites : « mais pourquoi n'y ai-je pas pensé ».

Des livres « d'utilité publique », dont on devine qu'ils vont entrer en résonance avec les préoccupations de nos contemporains.

Bref, des livres un peu agaçants... mais on leur pardonne tant leur lecture est porteuse de sens et réjouissante. C'est le cas de celui-ci.

Cécile Dupire et Guillemette Panayi analysent ici avec finesse et bienveillance ce sentiment d'imposture qui nous habite trop souvent, nous fait douter de nous-mêmes et - je l'ai constaté dans ma pratique du coaching - touche davantage les femmes que les hommes.

Elles nous invitent à muscler notre estime de nous-même afin de cesser ce travail de sabotage personnel pour lequel nous nous révélons parfois si doués.

Elles amènent des réponses bonnes sens, issues de leur pratique de coachs professionnelles, en posant un regard léger sur un problème profond. Bref elles nous invitent à mettre K.-O. les pensées qui nous freinent pour donner toutes leurs forces à celles qui nous boostent.

Ce livre va vous aider à dépasser vos croyances limitantes par des prises de conscience basées sur des exemples, des exercices de mise en situation et des tests puissants. Il vous amène une CLARTÉ nouvelle.

- Pourquoi nous répétons les mêmes erreurs ?
- Pourquoi doutons-nous à ce point de nous-mêmes ?
- Pourquoi avons-nous tendance à surestimer les compétences des autres et sous-estimer les nôtres ?
- Pourquoi n'osons-nous pas nous lancer dans un projet qui nous tient pourtant à cœur ?

Leur approche pédagogique innovante génère de puissantes prises de conscience.

Oui, se réinventer est possible !

Aucun blocage n'est définitif !

Il n'est jamais trop tard pour enclencher de nouveaux projets !

Croyez en vos possibilités et en vos rêves !

Voilà quelques-uns des enseignements que nous tirons de cet ouvrage.

Préface

« *Yes we can* ! » scandait un célèbre slogan de Barack Obama !

« Oui, nous le pouvons ! » pourrait être celui de ce livre.

En le refermant vous ne croirez toujours plus au Père Noël mais vous croirez en vous. Et n'est-ce pas là le plus beau des cadeaux dont on puisse rêver ?

Vous savez quoi ? Je vous envie de ne pas l'avoir encore commencé tant le plaisir de lecture qu'il procure est stimulant.

Quand j'ai rencontré Cécile Dupire et Guillemette Panayi, j'ai été sidérée par leur incroyable énergie, leur vitalité et cette force positive qu'elles dégageaient.

Leur livre leur ressemble.

Catherine Rambert, coach professionnelle, intervenante médias et auteur des best-sellers *Le livre de la sérénité*, *Petite philosophie du matin* et *Petite philosophie du soir* aux éditions N.1.

Sommaire

Introduction

Le Père Noël ? Quel imposteur que ce gros bonhomme rouge à barbe blanche, capable d'évaluer une fois par an la conduite de chacun et d'exaucer les rêves de tous ! Un jour, alors que vous n'aviez même pas 6 ans, vous l'avez démasqué, le reléguant à ce qu'il était : un mythe de l'enfance, dont il ne vous reste rien, si ce n'est le souvenir d'avoir été terriblement déçu. Et encore, vous ignoriez à l'époque que le vrai Père Noël, tout de vert vêtu et bien installé dans l'imposture, avait été supplanté dans les années 1930 par celui qui a accompagné toute votre enfance aux couleurs de Coca-Cola.

Depuis, des imposteurs, vous en avez croisé. Peu d'entre eux portaient une barbe blanche, mais tous tenaient des rênes sur lesquels ils tiraient, afin de manipuler les autres et de parvenir à leurs fins. Ils changeaient eux aussi de couleur de costume en fonction de leurs interlocuteurs, tels des caméléons des rapports humains. Ces hommes et ces femmes avaient en commun deux choses : la volonté de duper leur entourage personnel ou professionnel et la capacité de mettre en œuvre des stratégies faites de mensonges et de manipulations pour atteindre leurs objectifs.

Ces escrocs, qui détournent la confiance des uns et usurpent la place des autres, vous ne les avez pas tous démasqués ; mais chaque fois, vous avez été ébahi de les voir ainsi évoluer, avec autant d'assurance, alors qu'ils ne disposaient manifestement pas de l'ensemble des qualités ou compétences requises pour la mission qu'on leur avait confiée.

Mais l'imposture qui vous pèse le plus est celle que vous pensez voir chaque matin dans votre miroir.

Un jour, vous en êtes sûr, on va vous démasquer, identifier l'imposteur que vous êtes et vous vouer aux gémonies ! Cela vous terrifie, et vous en êtes persuadé, ce n'est qu'une question de temps…

Pourtant, vous n'avez trouvé ni vos diplômes, ni votre job, ni votre réseau social dans une pochette-surprise. Vous avez travaillé pour et décroché une à une toutes les étoiles. Sur le plan professionnel, on vous fait confiance. Sur le plan affectif aussi. On apprécie vos qualités. On vous aime, et vous aimez en retour.

Alors, où est le problème ?

Le problème tient dans cette voix qui vous répète que vous n'êtes pas à la hauteur et que vous ne le serez jamais, car votre entourage va finir par s'en apercevoir. Cette voix exigeante vous souffle que vous êtes nul et que vous ne saurez pas relever le prochain challenge, car, jusqu'à présent, c'est évident, vous avez eu de la chance !

Comme 70 % de la population, vous tentez de cacher aux yeux de tous à quel point vous êtes médiocre et ne méritez pas l'amitié, l'amour, ou la confiance de ceux qui vous entourent. Vous attribuez toutes vos réussites à des causes externes ou à l'alignement opportun des planètes. Vous avez terriblement peur d'être démasqué et souffrez continuellement ou occasionnellement du sentiment d'imposture.

Conçu comme kit libérateur du soi-disant imposteur, ce livre vous apportera des réponses pratiques, des sources d'inspiration ou des exercices de repositionnement, de prises de recul et de mises en mouvement, afin que vous puissiez vous affirmer dans votre singularité et vos désirs.

Grâce à des exemples inspirants, nous vous proposons un cheminement avec non seulement des apports théoriques essentiels à la compréhension du sentiment d'imposture, mais aussi des outils pour nommer votre sentiment d'imposture, en analyser les mécanismes et mettre en œuvre des solutions qui lui conviennent.

L'accent est ici mis sur le potentiel de chacun, sur votre capacité à assumer et à renforcer votre excellence afin de vivre pleinement les possibilités que vous offre votre singularité. De façon ludique, vous apprendrez à vous affranchir de vos interdits et à explorer le champ des possibles de la transformation authentique au service du mieux vivre avec soi et les autres.

Il n'appartiendra alors qu'à vous de tenir les rênes de votre vie !

1. D'où me vient ce sentiment d'imposture ?

Nous sommes tous, à un moment ou à un autre, des imposteurs. Non seulement nous magnifions systématiquement notre image, mettant en scène notre vie – et à l'heure des réseaux sociaux, cela n'en est que plus flagrant –, mais, à des degrés divers, nous endossons tous un rôle ou plusieurs. Puisqu'il nous est impossible d'être conformes aux idéaux parentaux et sociétaux que nous intégrons, nous adoptons des stratégies destinées à nous faire accepter par l'environnement très normatif dans lequel nous évoluons.

7 h 05. Devant son café, Émeline[1] *consulte son mur Facebook. C'est son premier geste, avant même de lire les*

1. Les prénoms ont été modifiés.

nouvelles ou de préparer sa journée. Deux minutes plus tôt, sa collègue Évelyne a encore posté une citation inspirante autour de la bienveillance qui totalise déjà une trentaine de « j'aime », alors que le sujet est plus que galvaudé. Et quand on voit Évelyne au travail, le décalage entre le discours et la réalité est plutôt réjouissant. Quelques posts plus bas, sous un selfie de « Martha au réveil » à 6 h 39, on n'est pas loin des 100 « j'adore ». Consciencieusement, Émeline « like » les parutions de ses contacts et déniche sur le Net une vidéo qui lui permettra d'obtenir une notoriété à la hauteur de celle de son entourage, sans trop s'exposer. Si seulement elle savait comme Martha utiliser les filtres pour paraître resplendissante !

Sur LinkedIn, son responsable hiérarchique, Bruno, a posté, entre un article sur le leadership et un autre sur le bonheur au travail, un énième décryptage sur les millé-niums qu'Émeline lit en diagonale, pour y retrouver tous les clichés du genre avant de « liker » et d'écrire « Superbe ! Quelle pertinence ! #fieredetravailleravectoi, #Ilovemyjob ». Elle a tellement peur qu'on découvre à quel point elle n'est pas taillée pour son poste.

Elle file enfin sous la douche. Elle rédigera quelques mails urgents avant de s'habiller, pendant que la couche de fond de teint séchera. Corporate à tout prix, elle enfilera une tenue impeccable, et comme elle sera en retard, elle finira de se maquiller dans les transports.

Vous arrive-t-il parfois, comme Émeline, Évelyne, Martha ou Bruno, de jouer le rôle que vous avez décroché dans la comédie humaine normée et structurante qui vous pousse à adopter un comportement de caméléon ? Il y a quinze ans, Émeline mettait son énergie ailleurs, et la composition du dîner de ses contacts était le cadet de ses soucis. Si on lui avait dit qu'elle en serait réduite à poster la photo de son sapin de Noël ou de son dernier craquage au moment des soldes pour attirer l'attention de son réseau amical et professionnel, elle aurait trouvé cela ridicule… et vous aussi, sans doute.

Ces stratégies font-elles pour autant d'Émeline une imposteur manipulatrice ? Non, car Émeline ne cherche pas à duper. Elle vit avec un douloureux sentiment d'imposture. Depuis toujours, elle a l'impression qu'elle n'est pas à sa place et que son entourage va découvrir son incompétence.

Née en France au début des années 1980 de parents vietnamiens des boat-people, cette fille unique porte en elle leur volonté d'intégration et réussite. Ses parents lui ont donné un prénom français, et se sont montrés d'une grande exigence. Émeline a effectué toute sa scolarité dans le privé, et ce jusqu'à la fin de sa classe préparatoire, puis intégré brillamment une école d'ingénieurs chimistes. Repérée lors de son stage de fin d'études, elle a évolué au sein du service Recherche et Développement, jusqu'à en prendre la tête. Si tous ses collègues apprécient chez elle sa justesse d'analyse, sa modestie et son professionnalisme, ils se moquent parfois gentiment de son perfectionnisme qui la pousse à reculer les échéances. Travailleuse acharnée, elle est louée pour son engagement et sa capacité à assumer ses responsabilités. Depuis qu'elle est petite, elle attribue l'ensemble de ses succès à des causes externes. En classe préparatoire, malgré ses très bons résultats, elle pensait avant chaque échéance qu'elle n'aurait pas le niveau pour réussir. Alors que certains de ses camarades, eux aussi atteints du sentiment d'imposture, procrastinaient, elle surpréparait ses concours blancs et ses khôlles dans un état d'anxiété maximal. Souvent, elle obtenait de très bons résultats dont elle ne se glorifiait jamais, mettant toujours ses réussites sur le compte de la chance ou de l'effort. Recevoir des compliments et des encouragements lui semblait immérité, et elle se dénigrait, soulignant ce qu'elle avait raté et les difficultés qui s'annonçaient. Les évaluations de ses professeurs lui semblaient usurpées. Depuis, malgré l'obtention de ses diplômes et son parcours professionnel très valorisable, certaines nuits, elle se réveille en sueur : dans un de ses cauchemars récurrents, elle ne parvient pas à résoudre les problèmes du concours d'entrée qu'elle repasse inlassablement.

Émeline s'interroge sur son sentiment d'imposture, ce qui l'amène à découvrir que ses parents en souffrent également. Comme elle, ils minimisent les efforts et les compétences qu'ils ont déployés pour mener leur parcours professionnel et personnel malgré les difficultés rencontrées à leur arrivée en France. Eux, qui ont surmonté nombre de difficultés sans jamais s'en féliciter, ne pouvaient imaginer qu'elle éprouverait un sentiment d'imposture. Ils avaient pourtant tenté, à leurs yeux, de la protéger et de lui offrir les meilleures conditions possibles.

Un cadeau empoisonné

À l'origine de tout : les messages parentaux

Le sentiment d'imposture ne vient pas des difficultés réelles rencontrées, mais des messages parentaux et sociétaux auxquels vous êtes confronté. Comme le soulignent les doctoresses en psychologie clinique Pauline Rose Clance et Suzanne Ament Imes[1] l'expérience familiale conditionne vos représentations de votre intelligence, de vos capacités et de votre réussite.

La représentation de la réussite, pour l'enfant, se construit à partir des messages d'approbation parentaux, que ceux-ci soient implicites ou explicites. L'attention qu'on lui porte lui permet de mener à bien ses apprentissages en construisant son estime de soi et son rapport au monde.

La représentation de ses capacités, pour l'enfant, se construit elle aussi dès les premières interactions familiales. Les parents, en éduquant leurs enfants, délivrent des messages qui sont intégrés comme des injonctions à être exemplaires tout en étant modestes. Tout petit, vous comprenez que vous devez impérativement être parfait, sans attendre qu'on vous félicite pour cet exploit.

Or, vous devez aussi impérativement apprendre à ne pas être valorisé pour vos points forts. Vous vous retrouvez

1. Pauline Rose Clance et Suzanne Ament Imes, « The Impostor Phenomenon in High Achieving Women », *Psychotherapy: Theory, Research & Practice*, vol. 15, n° 3, 1978, pp. 241-247.

donc coincé entre deux injonctions contradictoires : dépasser vos limites, satisfaire l'ambition de vos parents *et* faire preuve d'humilité !

■ Dépasser vos limites, satisfaire l'ambition de vos parents

Cette ambition parentale, teintée d'un narcissisme inconscient[1], projette sur l'enfant un « moi idéal » à même de guérir ceux qui éduquent des blessures narcissiques générées par leurs propres « échecs[2] ». Dès lors, la relation se construit aussi dans cette projection à visée narcissique, ce qui entrave l'expression des désirs propres de l'enfant et la construction de soi.

■ Faire preuve d'humilité

Or, dans son développement, l'enfant doit, pour se structurer, identifier et affirmer ses qualités et ses points de progrès. Souvenez-vous de la période « Papa, regarde ! » ou « Maman, tu as vu ! » pendant laquelle les petites filles et petits garçons tentent d'attirer l'attention sur leurs exploits physiques, créatifs ou plastiques. À travers l'attention qu'on lui porte et à la valorisation de ses comportements souhaitables, l'enfant pourra construire son estime de lui. Mais ces appels répétitifs peuvent passer pour une vantardise que les parents tenteront

1. Tendance à centrer son attention ou ses activités sur son enfant plutôt que sur soi-même et à projeter sur lui son moi idéal.
2. Juan Manzano, *Les Scénarios narcissiques de la parentalité*, PUF, coll. « Le fil rouge », 2009.

de modérer. L'enfant incité à faire preuve de modestie supposera qu'il ne mérite aucune reconnaissance pour ses réussites, ses efforts ou ses talents. Cette disposition se transmet de génération en génération.

Aux injonctions parentales s'ajoutent celles des enseignants

Les règles tacites du système scolaire ainsi que les paroles des enseignants s'avèrent très structurantes, surtout lorsque l'enfant projette dans l'école de fortes représentations.

Pour certains, cela commence très tôt, dès la maternelle, cette « école des grands », juste après la crèche. Parents comme instituteurs valorisent chez les jeunes padawans une conduite irréprochable afin que la Force soit avec eux. L'accession à un nouveau statut idéalisé impose une appropriation de nouvelles règles d'évaluation, tant en termes de savoir que de savoir-faire et de savoir-être.

La liste non écrite des dix commandements de l'écolier idéal pourrait être :

- « Des gros mots, tu ne prononceras pas » ;
- « Des bêtises, tu ne feras pas » ;
- « Obéissant, tu te montreras » ;
- « Poli et respectueux, tu seras » ;
- « Calme et concentré, tu resteras » ;
- « Tes leçons, tu apprendras » ;

- « Quand on t'interrogera, tu répondras » ;
- « Le reste du temps, tu te tairas » ;
- « De tes affaires, soin tu prendras » ;
- « Sociable, tu seras ».

Souvent, les parents édictent un commandement supplémentaire qui, dans les faits, ne relève pas des attentes du système scolaire : « En tout point, tu excelleras ! »

Sentiment d'imposture et estime de soi

Sage, obéissant, respectueux, calme, concentré, studieux, pertinent, silencieux, ordonné, sociable et excellent – tout en étant pleinement soi ? Vraiment ? Impossible d'être à la hauteur ! Comment ne pas éprouver dès le plus jeune âge un profond sentiment d'imposture ?

Certains peuvent compter sur une belle estime d'eux-mêmes, ils savent faire la part des choses entre un idéal qui ne leur correspond pas et ce qu'ils sont. L'estime de soi[1] dépend du rapport entre ce que nous sommes en tant qu'individu et ce que nous voudrions être sur le plan intellectuel, physique et social. Consolidée ou affaiblie par les relations parentales puis sociales, l'estime de soi va être d'autant plus faible que la pression sera forte.

Un enfant qui aura, dès le biberon, été placé dans un environnement stable et aura reçu en toute confiance

1. James Noley, *Dictionnaire de la psychiatrie*, CILF, 2012.

des encouragements et des compliments sincères sera convaincu qu'il est quelqu'un de bien par essence. Accepté tel qu'il est par son entourage immédiat, il s'acceptera aussi. Il ne s'efforcera pas de remettre en cause cette certitude à chacune de ses actions. Il recevra facilement les critiques constructives et sera moins atteint par les jugements négatifs, dont il pourra évaluer la pertinence à sa juste mesure. Il ne souffrira pas ou peu du sentiment d'imposture.

Un enfant qui aura, dès le début, plus perçu les attentes fortes de ses parents qu'un amour fait d'acceptation et d'encouragements aura plus de difficultés à s'accepter tel qu'il est. Il œuvrera pour atteindre l'idéal qu'il s'est forgé. Les critiques – constructives ou non – seront difficiles à entendre et fragiliseront encore l'estime de lui, tandis qu'il aura du mal à accepter les compliments. Tout sera soumis au doute, et donc au sentiment d'imposture. « Suis-je à la hauteur des compliments ? » ; « J'ai eu de la chance » ; « Ma maîtresse a corrigé un peu vite », « Elle a fait preuve d'indulgence » ; « Il m'aime bien, je suis son chouchou » ; « Si la prochaine fois, je n'y arrive pas, ils comprendront tous à quel point je suis nul ! »

Quand le doute s'installe chez les plus doués et les plus décalés

Ainsi, Émeline, dans notre exemple précédent, a toujours lutté pour réussir et ne s'est jamais satisfaite de ce qu'elle obtenait. Chaque fois, elle avait l'impression de ne pas mériter sa place… et pour cause : elle cumule à elle seule plusieurs facteurs qui peuvent favoriser le sentiment d'imposture.

Diagnostiquée précoce, elle a toujours obtenu de très bons résultats tout en percevant aisément l'ensemble des failles dans son travail ou dans son comportement. Très critique envers elle-même, car très consciente de ses limites, les commentaires élogieux lui ont toujours semblé disproportionnés.

Le sentiment d'imposture est en effet d'autant plus fort que la personne n'aura pas fourni un effort démesuré pour obtenir cette reconnaissance. Lorsque l'enfant est doué, voire très doué, voire surdoué, les bonnes notes, ou les compliments lui semblent inadaptés. Ses facilités ne constituent pas alors un motif de fierté, mais accentuent encore le stress de se voir démasqué.

Issue de l'immigration, et élevée en France, Émeline est amenée à intégrer une société dont sa famille n'a pas été en mesure de lui transmettre les codes, et a parfois l'impression d'être en décalage, malgré son intégration parfaite. Il s'agit ici d'un décalage culturel, comme il pourrait s'agir d'un décalage social. Lorsqu'on change de classe sociale, on peut avoir l'impression de trahir les siens, sans parvenir à se sentir proche de ceux qui sont nos pairs ni de pouvoir

baisser la garde. Il en résulte une solitude teintée de sentiment d'imposture.
Émeline, enfin, est une femme qui a fait des études réputées masculines. Elle évolue donc dans un monde d'hommes et est convaincue qu'elle doit doublement faire ses preuves. Une fois de plus, elle doit prouver sa valeur par ses actes et coller à une représentation de son métier éloignée de ce qu'elle est, alors même qu'elle a pleinement les compétences attendues.
Émeline fait donc tout pour que son « imposture » supposée ne soit pas découverte et joue un rôle qui la pousse à coller aux stéréotypes.

Tous unis dans l'imposture !

Les stratégies des « Populaires »,
ces grands imposteurs de la cour de récré

Certains, à ce jeu, sont néanmoins particulièrement doués. Ils savent d'instinct identifier le besoin de l'autre et s'y adaptent. Les plus « populaires », dès l'école primaire et encore plus au collège, se conforment tellement aux normes qu'ils en arrivent à incarner aux yeux de ceux qui les contemplent l'objet des désirs de leurs pairs, voire d'une grande part de la société.

Ces professionnels de l'imposture disposent de stratégies d'autant plus efficaces qu'ils se délestent en la matière de toute considération morale. Leur objectif n'est pas d'être ou de faire, mais seulement de « sembler » et donc de renvoyer à ceux qu'ils dupent l'image que ceux-ci souhaitent voir. Tels des miroirs, ils reflètent les désirs sociaux à la perfection, sans remettre leur valeur en question.

La différence entre imposture et sentiment d'imposture tient à cette valeur d'exigence morale, et à cette différence entre « être » et « paraître ». Lorsque vous éprouvez un sentiment d'imposture, c'est que vous ne vous contentez pas de « paraître à la hauteur » : vous voulez l'être ! Et c'est ce qui vous ronge.

Pourtant, personne, à part vous, ne vous en demande tant ! Cet intérêt croissant pour la mise en scène de notre image falsifiée révèle surtout les valeurs de notre société. Notre comédie humaine favorise plus le paraître que l'être… tout en prônant la bienveillance et l'authenticité.

Et cela ne date pas d'hier ! Non seulement il y avait l'école, mais aussi la grande sanction de la fête de fin d'année, celle qui vous imposait, tout petit, de prouver à quel point vous méritiez de recevoir sous le sapin la trottinette ou le déguisement de vos rêves !

Votre vie professionnelle comme un Noël sans fin

■ Souvenez-vous de vos premiers Noëls

- Étape 1 : vous vous astreigniez à être le plus sage, le plus fort, le plus appliqué, le plus courageux, le plus… possible en fonction des injonctions parentales auxquelles vous étiez soumis.

- Étape 2 : vous constatiez que c'était un échec. Vous n'aviez été ni le plus sage, ni le plus fort, ni le plus appliqué, ni le plus courageux, ni le plus…
- Étape 3 : avec une pointe de culpabilité, vous rédigiez néanmoins votre lettre au Père Noël en exprimant vos souhaits et en vous justifiant de votre conduite.
- Étape 4 : vous espériez qu'il vous croirait et vous offrirait un cadeau à la hauteur des mérites dont vous vous étiez vanté. Vous étiez en plein sentiment d'imposture.
- Étape 5 : vous receviez un cadeau qu'à vos yeux vous ne méritiez pas, puisque vous étiez un imposteur.

■ Et depuis, c'est pareil au travail

Sacré Père Noël ! Depuis, vous avez compris qu'il n'existait pas, mais vous continuez à vous comporter de la même manière.

Pensez maintenant à vos réunions, rendez-vous clients ou entretiens d'évaluation… ou autres situations qui génèrent en vous un puissant sentiment d'imposture.

- Étape 1 : vous devez être conforme aux injonctions.
- Étape 2 : vous n'y arrivez pas, du moins d'après vous.
- Étape 3 : votre comportement est observé par vos collègues, amis, partenaires.
- Étape 4 : quoique très conscient de vos lacunes, et avec une pointe de culpabilité, vous espérez qu'ils décident que vos résultats correspondent aux attendus.

- Étape 5 : vous êtes reconnu pour des compétences et des qualités qu'à vos yeux vous ne possédez pas. Vous ne méritez pas votre succès. Vous êtes en plein sentiment d'imposture !

Ce n'est qu'un exemple, car chacun trouve sa voie pour cultiver son sentiment d'imposture. Tout dépend des injonctions parentales et sociétales que vous avez intériorisées.

Rencontre avec les artisans de votre sentiment d'imposture

Les injonctions qui veillent sur vous

Taibi Kahler[1], le psychologue et analyste transactionnel américain qui a développé la Process Thérapie, dénombre ainsi cinq pilotes de vie, qu'il nomme « *drivers* ». Ceux-ci, intégrés dès l'enfance, et renforcés au cours de votre parcours de vie, résonnent dans votre tête comme de fausses promesses de réussite.

- « Sois parfait » ;
- « Sois fort » ;
- « Fais plaisir » ;
- « Fais des efforts » ;
- « Dépêche-toi ».

1. Taibi Kahler, *The Process Therapy Model: The Six Personality Types with Adaptations*, Taibi Kahler Associates, 2008.

Pour retrouver les Sept Nains de Blanche-Neige, il n'y a qu'un pas.

- Prof est gouverné par son « Sois parfait » ;
- Atchoum et Timide sont épuisés par leur « Sois fort » ;
- Joyeux s'acharne à « Faire plaisir » ;
- Grincheux et Simplet sont houspillés par leur « Fais des efforts » ;
- Dormeur est stimulé par son « Dépêche-toi ».

Mais malheureusement, certaines fées ont peut-être omis de se pencher sur votre berceau à la naissance. Vous ne pouvez pas, tels des princes et princesses des contes qu'on vous narrait autrefois, atteindre un tel niveau de perfection et réussir à satisfaire les ambitions que des générations de parents et grands-parents insatisfaits de leurs propres réalisations ont placées en vous. Vous êtes condamné à vivre en décalage permanent et devrez apprendre à gérer votre frustration face à une telle imperfection.

Ces injonctions sont bien entendu d'abord bénéfiques. Elles agissent comme de véritables moteurs de vie. Si vos parents et la société vous les ont transmises, c'est pour leur pouvoir positif : elles vous mettent en mouvement depuis toujours. Grâce à elles, vous repoussez vos limites et organisez votre vie. Grâce à elles, vous intégrez les normes et adoptez un comportement social adapté et gouvernez votre vie en assumant vos responsabilités.

Si vous n'apprenez pas à en modérer l'exigence, si vous ne prenez pas de recul par rapport à ces attendus supposés, vous développez progressivement un sentiment d'imposture.

2. Concrètement, comment cela se manifeste ?

Observons donc ces moteurs de vie de plus près, ainsi que le sentiment d'imposture qui en découle… pour générer une imposture spécifique.

« Je suis quelqu'un » : l'imposture du « Sois parfait »

Vos parents ne vous ont jamais explicitement demandé d'être parfait… enfin, jamais en ces termes. Mais, dès votre naissance, ils se sont forgé une image de l'enfant idéal et vous ont investi d'une mission : rendre possibles leurs ambitions et guérir leurs blessures narcissiques. Prenons quelques exemples ; peut-être avez-vous entendu, dans votre enfance :

- « Sois le premier » ;

- « Bravo pour ta note, je suis sûr que tu peux décrocher un 20/20 » ;
- « Mets une tenue correcte » ;
- « Ça ne se fait pas » ;
- « Je ne veux que des compliments ».

Malgré l'autodérision contenue dans cette dernière phrase que certains parents emploient en déposant avec appréhension leur enfant de 8 ans ultra dynamique à une fête d'anniversaire, l'injonction est d'autant plus claire qu'elle contient une menace implicite : « Sinon… tu ne seras pas accepté. »

Ces multiples incitations à la perfection, vous les avez transformées en « Sois parfait ». Vous en avez fait votre slogan, et il vous permet de repousser vos limites… tout en créant les conditions de votre sentiment d'imposture.

Pour Marie, comptable et mère de jeunes filles, rien n'est le fruit du hasard. Tout, au travail et à la maison, est organisé. Elle prépare les vêtements de ses filles, veille à ce que tout soit rangé et à leur donner une éducation exigeante. Les dossiers de ses clients sont parfaitement analysés et gérés. Rien n'échappe à son regard méticuleux, voire perfectionniste, afin que l'expert-comptable pour lequel elle travaille puisse bénéficier de tous les éléments nécessaires. Elle ne se sent à sa place que lorsque tout est parfaitement ordonnancé et donc parfait.

Lorsqu'elle constate que d'autres ne prêtent pas la même attention aux détails et « se laissent aller », elle se demande, perplexe : « Comment ont-ils pu en arriver là ? » Elle peut alors exprimer des jugements très normatifs.

Et vous, vous reconnaissez-vous ?

- Dans votre vie, vous avez toujours essayé de faire plus et mieux.
- Vous allez au fond des choses, voire au-delà.
- Parfois vous vous perdez en chemin.
- Votre entourage dit de vous que vous êtes sérieux, même très sérieux, voire parfois trop.
- Vous comptez sur vos doigts quand vous expliquez quelque chose.
- Vous confondez l'« être » et le « faire ».
- Certains redoutent votre tendance à donner des leçons, ou à avoir réponse à tout.
- On loue vos aptitudes à visualiser parfaitement les étapes d'un process, d'un objectif à atteindre, d'une procédure…
- On loue votre caractère méticuleux.
- Parfois, sous stress, vous vous concentrez tellement sur le comment que vous en oubliez le pourquoi.
- On vous trouve très exigeant avec vous-même et avec les autres.

- Votre œil de lynx détecte immédiatement le chaînon manquant dans un contrat, un tableur Excel, des lignes de codes… ou dans une robe.
- Votre style vestimentaire est plutôt classique.
- Vous donnez parfois la sensation d'être un peu rigide, voire franchement hautain…

Éclairage

▪ Vous voulez « être quelqu'un ».

Votre « Sois parfait » est très exigeant… et pernicieux : il favorise l'émergence de votre sentiment d'imposture. Votre sentiment d'imposture naît de ce décalage entre votre idéal et la réalité de votre imperfection. Dans votre représentation, si vous n'êtes pas parfait, vous ne serez rien ! Et n'être rien est votre plus grande peur. Vous attendez des autres qu'ils vous attribuent le meilleur score chaque fois.

▪ Vous incarnez la perfection…
et c'est votre imposture !

Sous stress, pour offrir cette illusion de perfection, vous surjouez l'adulte pour mieux cacher vos peurs d'enfant… et notamment celle de l'échec qui mettrait en péril votre estime de vous. De « personne fiable », vous devenez « sachant » ou « donneur de leçons ».

Mais derrière vos regards, actes ou paroles normatifs, vous cachez votre refus d'assumer vos défauts de peur de n'être « rien ». Pour éviter à tout prix que les autres ne vous démasquent, vous contrôlez tout, aussi bien votre apparence que votre travail… mais risquez, sous stress, de commettre une erreur qui ferait voler en éclats un vernis pourtant si parfait !

Pourtant, à part vous, personne ne s'attend à ce que vous soyez parfait ! Tous vous apprécient à votre juste valeur. Ils savent qu'il faut parfois vous rassurer, surtout lorsque vous commettez des erreurs, et qu'il faut vous faire prendre conscience que vous n'êtes pas ce que vous faites.

Il n'y a qu'à vos yeux que vous êtes une imposture.

Faites la liste de six situations où votre driver « Sois parfait », a gouverné vos décisions.

1. ....

2. ....

3. ....

4. ....

5. ....

6. ....

Qu'est-ce qui vous saute aux yeux ?

....

....

....

Comment auriez-vous pu faire autrement ?

………………………………………………………………………………

………………………………………………………………………………

………………………………………………………………………………

Et si vous vous accordiez le droit à l'erreur, qu'est-ce qui deviendrait possible ?

………………………………………………………………………………

………………………………………………………………………………

………………………………………………………………………………

« Je m'en sors » : l'imposture du « Sois fort »

Quelle force de caractère ! Grâce à votre détermination, vous atteindrez votre objectif : ne dépendre de personne. Vous incarnez l'efficience et assumez vos responsabilités. Déterminé et centré sur l'objectif, vous agissez parfois au détriment de vos relations. Vous incarnez l'image d'une justice froide, mais tellement rationnelle et efficace que votre intervention est précieuse : vous savez faire le sale boulot.

« Sois fort »… La main se pose sur l'épaule du valeureux qui se prépare à affronter les douleurs de la vie.

- « Je ne veux pas voir une larme sur ton visage » ;
- « Les grands garçons (ou les grandes filles), ça ne pleure pas » ;

- « La vie est dure » ;
- « C'est comme ça, tu sais »…

Ces expressions font-elles écho aux injonctions de votre enfance ?

Elles nous ont toutes été proposées spontanément par Caroline. Pour elle, tout a commencé dans la cour d'école, lorsqu'elle a joué une bille qu'elle trouvait sublime et qu'elle l'a perdue. Malgré la bienveillance de ses éducateurs à son égard, elle était revenue penaude et très affectée par les moqueries de ses camarades.
Les mots parentaux destinés à lui remonter le moral sont des dérivés du moteur de vie « Sois forte » ; elle les a intégrés. Elle a compris que si elle ne voulait pas être malmenée par les autres, elle devait systématiquement garder son calme et, surtout, prendre l'ensemble de ses décisions seule, sans jamais s'en remettre aux autres. Elle a ainsi appris à mettre à distance ses émotions. À chaque épreuve, elle a fait retentir en elle ces mêmes injonctions. Aujourd'hui, Caroline est avocate spécialisée en droit des affaires. Elle porte toujours au travail le même type de tenue, des tailleurs-pantalons allant du gris perle au bleu nuit, avec des chemisiers sobres. Pour elle, « c'est mon armure ! » Distante de prime abord, on dit cependant qu'elle « sait trancher dans le vif ».

Et vous, vous reconnaissez-vous ?

- Votre leitmotiv est : « Que la force soit avec toi. »
- Vous avez le sens du devoir.

- Vous pensez « action » plutôt qu'« émotion ».
- Votre maître mot est « efficacité ».
- Vous pensez que montrer une émotion consiste à faire preuve de sensiblerie.
- Les douze travaux d'Hercule sont votre lot quotidien.
- Vous ne supportez pas la dépendance matérielle ou affective et attendez des autres qu'ils soient autonomes.
- On soupçonne que votre cerveau est, en fait, une intelligence artificielle.
- Certains vous trouvent si peu expressif qu'on ne sait jamais si vous êtes content, en colère, serein ou agacé.
- On loue votre quotient intellectuel, mais pas votre quotient émotionnel.

Éclairage

- Vous voulez « vous en sortir ».

Votre « Sois fort » est très costaud... et pernicieux : il favorise l'émergence de votre sentiment d'imposture. Votre sentiment d'imposture naît du décalage entre votre idéal et la réalité de votre fragilité. Pour vous, la vie est un combat et vous devez être fort pour le mener ! Pour vous en sortir, vous rêvez d'être reconnu comme un valeureux Jedi et cachez vos failles émotionnelles... c'est aussi fatigant que fragilisant.

■ Vous adoptez donc une allure d'homme ou de femme fort… et c'est une imposture !

Votre imposture réside dans la négation de vos émotions. Votre entourage et vous-même êtes presque persuadés que, quoi qu'il arrive, vous aurez l'étoffe d'une héroïne ou d'un super-héros digne des plus grands Marvel !

Mais sous votre cuirasse, vous cachez aux yeux de tous, et même peut-être aux vôtres, à quel point cette force vous coûte. Être fort par injonction, c'est risquer d'oublier ses besoins. L'épuisement vous guette.

Pourtant, à part vous, personne ne s'attend à ce que vous soyez inébranlable ! Ils considèrent que vous vous en sortez très bien, avec fiabilité et rigueur. Ils connaissent votre communication rugueuse et pour aborder les sentiments, ils utilisent parfois l'humour et assouplissent ainsi votre carapace.

Il n'y a qu'à vos yeux que vous êtes une imposture.

Notez trois situations où votre driver « Sois fort » vous a poussé à vous dépasser.

Quelle victoire ce driver vous a-t-il permis de décrocher ?

1. ……………………………………………………………………

2. ……………………………………………………………………

3. ……………………………………………………………………

Qu'est-ce que cela vous a coûté ?

....

....

....

Et si vous vous libériez de cette obligation d'être fort, que pourriez-vous vous autoriser ?

....

....

....

« Je suis aimable » : l'imposture du « Fais plaisir »

Que d'altruisme ! Votre générosité est sans limites. Vous êtes dans l'accueil, l'ouverture et l'empathie ; vous n'attendez rien en retour. Pourtant, lorsqu'on vous complimente, votre cœur s'accélère, votre joie rayonne, votre sourire s'épanouit : vous brillez désormais comme une étoile.

Le revers de la médaille ? Votre difficulté à formuler des critiques constructives, car vous risquez de déplaire. Vous préférez de loin renoncer à vos propres désirs.

Vos parents – encore eux ! – vous auraient-ils soumis à un délicat chantage affectif ?

- « Une cuillère pour maman. »
- « Ce n'est pas gentil ce que tu fais là. »

- « Fais un bisou à la dame. »
- « Calme-toi, réfléchis, pense aux autres. »
- « Tu serais un amour, si… »
- « Si tu es gentil, le Père Noël t'apportera un beau cadeau. »

Antoine est animé par un besoin profond de faire plaisir. À l'arrivée de son second enfant, il a souhaité consacrer plus de temps à sa famille et s'est mis à temps partiel, afin de développer des trésors d'attention. Au travail, tout le monde l'adore. Antoine a un mot gentil pour chacun lorsqu'il fait le tour des bureaux, se souvenant des préoccupations de tous et de leurs tracas quotidiens. Lorsqu'il participe à une réunion tôt le matin, il apporte des croissants. Surtout, il ne dit jamais non ! Son plaisir ? Lire de la reconnaissance dans le regard des autres.
Tout va pour le mieux, sauf quand ça ne va pas… Parfois, « les gens sont d'une ingratitude insensée », se plaint Antoine avant de décrire les comportements inqualifiables qui jettent l'opprobre sur leurs auteurs. Puis il ajoute : « Je n'ai confiance en moi que lorsque je fais plaisir aux autres. Sinon, tout s'effondre. »

Et vous, vous reconnaissez-vous ?

- Vous trouvez d'instinct les mots ou les gestes qui donnent le sourire à tous.
- Vous aimez faire plaisir aux autres.

- Vous vous précipitez pour rendre service à tout moment.
- Vous ne savez pas dire « non ».
- Vous cherchez l'approbation des autres.
- Vous vous sentez obligé d'aider les autres.
- Vous apportez votre aide même lorsqu'on ne vous l'a pas demandée.
- La plupart de vos phrases sont des interrogations en quête d'approbation.
- Vous avez peur de décevoir.
- Vous pensez devoir rendre les autres heureux.
- Vous prenez la défense des « opprimés ».

Éclairage

- Vous voulez « être aimable ».

Votre « Fais plaisir » est très attirant… et pernicieux : il favorise l'émergence de sentiment d'imposture. Pour vous, si vous ne faites pas plaisir, vous ne serez pas aimé et ce serait terrible, car vous ne pourriez plus vous aimer ? Vous avez confié aux autres le pouvoir de vous trouver aimable et, ce faisant, vous avez abdiqué d'une responsabilité qui vous incombe !

Malheureusement, vous n'êtes pas un ange, et cela vous angoisse. Vous vous astreignez à cacher des péchés plus ou moins mignons à ceux qui vous entourent et refusez de les confesser !

▪ Vous semblez être altruiste… et c'est une imposture !

Votre imposture repose sur la négation de votre authenticité, de vos désirs et de vos pulsions au profit des désirs de l'autre. En confiant certaines des clés de votre vie à d'autres, vous vous perdez de vue. Les désirs de ceux que vous accompagnez dictent alors vos actes et vos pensées. Leurs feedbacks font la pluie et le beau temps. Grand sauveur pourfendeur des injustices, réparateur de maux que des méchants ou le système auraient causés, vous partez alors en croisade pour des causes qui ne vous appartiennent pas… Et là, gare aux dégâts sur vos relations, sur votre estime de vous et sur votre authenticité !

Pourtant, à part vous, personne ne s'attend à ce que vous soyez un ange d'altruisme ! Ils vous aiment comme vous êtes. Ils aimeraient que vous appreniez à dire « non », et que vous assumiez la responsabilité de vos désirs, de vos sentiments et de vos décisions.

Il n'y a qu'à vos yeux que vous êtes une imposture.

Racontez un de vos moments de générosité, où vous avez fait plaisir sans en avoir forcément envie.

……………………………………………………………………………………

……………………………………………………………………………………

……………………………………………………………………………………

Qu'est-ce que cela vous a apporté ?

....

....

....

Comment auriez-vous pu faire différemment ?

....

....

....

Et si vous vous libériez de cette contrainte et vous concentriez sur votre plaisir, qu'est-ce que cela vous apporterait ?

....

....

....

« J'obtiens ce que je veux » : l'imposture du « Fais des efforts »

Sur les bancs de l'école, l'évaluation « doit faire des efforts » et les « encouragements » fleurissent sur les bulletins et s'ancrent dans l'esprit des élèves les plus rétifs. Ah, les phrases toutes faites qui vous traitent de paresseux si vous ne développez pas ce sacro-saint goût de l'effort qui se perdrait de génération en génération. Que de souvenirs !

- « Qui ne tente rien n'a rien. »
- « Tu pourrais quand même faire des efforts ! »
- « Mouiller le maillot. »
- « Je travaille, moi, ce n'est pas comme d'autres ! »
- « Le mérite, cela se mesure au prix de tes efforts. »
- « Il faut souffrir pour être belle. »

Pierre est formateur. Hyper impliqué, il pourrait animer « Questions pour un champion », tant il a la faculté de rebondir. Alors que son interlocuteur n'a pas encore répondu à sa deuxième question, Pierre en a déjà dégainé quatre autres… Plus c'est complexe, plus Pierre est stimulé. Passionné par la nouveauté, il pousse son esprit d'analyse sur tous les sujets, faisant sienne l'expression : « On se reposera quand on sera mort. » Pas de repos pour le brave tant qu'il n'a pas obtenu les résultats escomptés, et tant pis s'il souffre ! Pierre est toujours sur la brèche. Tout ce qu'il vit est intense, ses émotions comme ses engagements, et cela lui demande des trésors d'énergie qu'il brûle dans son stress. Mais parfois, la machine se grippe. Pierre se traite d'incapable et abandonne le projet pour lequel il avait mobilisé tant d'efforts et tant de gens. Le géant aux pieds d'argile s'écroule avec son ego, mettant en péril une organisation. Il vous le dit clairement : il est nul, et il râle, car le monde entier, lui aussi, est auréolé de nullité.
Pour lui, l'évaluation systématique de ses performances à chaque intervention par des stagiaires est parfois pénible.

En faisant des efforts conséquents, Pierre cherche à se prouver qu'il en est capable. C'est épuisant, mais cela explique ses dérapages et son incapacité à chercher de l'aide à bon escient.

Et vous, vous reconnaissez-vous ?

- Vous aimez la nouveauté et les défis.
- Vous adorez la complexité.
- Vous oubliez les pauses.
- Vous êtes stakhanoviste.
- Vous savez comment déclencher l'adhésion sur les projets que vous portez.
- Vous présentez une grande capacité d'absorption et de résistance au stress.
- Vous faites preuve d'une grande adaptabilité.
- Vous semblez inépuisable.
- Vous rejetez toute aide pour relever vos défis.
- Vous doutez de vos capacités et sombrez dans l'autodénigrement dès que vous rencontrez des difficultés.
- Vous baissez les bras sans mener à bien vos projets.
- Vous épuisez tout le monde.
- Vous ne vous occupez que des tâches nobles et laissez de côté tout ce qui vous ennuie.
- Vous râlez en permanence.

Éclairage

■ Vous rêvez « d'obtenir ce que vous voulez ».

Votre « Fais des efforts » est assidu… et pernicieux : il favorise l'émergence de votre sentiment d'imposture. Si vous obtenez sans effort ce que vous désirez, ce ne sera pas mérité. Si vous échouez, ce sera la preuve que vous êtes d'une nullité abyssale. L'endurance est votre talon d'Achille, et vous tentez de cacher à tous à quel point vous vous découragez vite. Pour obtenir ce que vous voulez, il vous faut donc tricher, ne réaliser parfois que ce qui est facile… ou renoncer en rejetant toute responsabilité.

■ Vous semblez souffrir…
et c'est une imposture !

Votre imposture, c'est de paraître stoïque face à l'adversité. Vous qui êtes toujours dans l'effort recherchez la souffrance, car elle seule peut confirmer l'excellence de vos capacités et de vos compétences, et donc vous conférer quelque valeur.

La souffrance permet de tenir éloigné le spectre du paresseux qui ne fait rien et se faisait houspiller pendant l'enfance. Mais la paresse et la déresponsabilisation ne sont jamais loin. Elles se révèlent à travers vos plaintes et votre impatience lorsque vous êtes démasqué. Pour vous discréditer, vous n'avez besoin de personne !

Pourtant, à part vous, personne n'attend de vous que vous fassiez le maximum au point d'en souffrir ! Ils sont convaincus que vous avez tout en vous pour réussir… Parfois, ils vous donnent un coup de pouce pour que vous acheviez ce que vous avez commencé, au moment où vous vous découragez.

Il n'y a qu'à vos yeux que vous êtes une imposture.

Listez 6 situations où vous avez dû déployer des efforts importants.

1. ....

2. ....

3. ....

4. ....

5. ....

6. ....

Que cela vous a-t-il apporté ?

....

....

....

Comment auriez-vous pu faire autrement ?

....

....

....

Et si vous vous libériez de votre obligation de faire ces efforts, que feriez-vous ?

....

....

....

« Je n'ai pas le temps » : l'imposture du « Dépêche-toi »

Lorsque vous étiez enfant, vos parents pressés vous ont-ils encouragé à vous dépêcher, ne serait-ce qu'en terminant rapidement votre petit déjeuner pour partir à l'école ?

- « Dépêche-toi, on va être en retard ! »
- « Vite ! Tes lacets ! »
- « Je compte jusqu'à trois ! »…

Ces phrases sont intégrées sous la forme d'un slogan interne : « Dépêche-toi, sinon… tu vas tout rater. »

Votre obsession, c'est d'accomplir un maximum en un minimum de temps, sans jamais aller au fond des choses. Vous êtes sur tous les fronts, débordé… et vous adorez ça.

« Hurry up, buddy ! » Vous attendez que tous suivent votre rythme effréné, sous votre regard impatient de passer déjà au sujet suivant. Des pauses ? Vous n'avez pas le temps pour ça. Ce moteur de vie vous fait accomplir

de grandes choses : vous êtes un champion de l'organisation agile !

Vous avez peu de temps, certes, mais si l'exemple d'Octave ci-dessous décrit des travers que vous connaissez bien, posez-vous quelques minutes et découvrez la suite.

Octave est toujours en retard. Que ce soit pour prendre un train, ou pour tout simplement se rendre au travail, la même scène se répète : il part en courant, oubliant une partie de ses affaires, et tente de rattraper sur le chemin le retard qu'il n'aurait pas pris s'il n'avait pas procrastiné. Le matin, sous la douche, il s'auto-admoneste des encouragements de coach sportif pour réduire le temps nécessaire à cette activité : « Allez ! Allez ! », mais il est déjà trop tard. Ses proches comme ses collègues ont intégré cette particularité et ils s'organisent en conséquence. Les rares fois où il se présente à l'heure, il trouve intolérable de devoir perdre son temps à attendre les autres.
Brillant et efficace, naturellement stimulé par les deadlines, il impressionne par sa capacité à prendre des décisions rapides et à traiter avec efficacité et pertinence de multiples dossiers parallèles complexes. Lorsqu'il est stressé, par contre, il devient adepte de la dernière minute et d'une dispersion le poussant à commettre des erreurs lourdes de conséquences.

Et vous, vous reconnaissez-vous ?

- Vous êtes toujours débordé.
- Vous êtes toujours en retard à vos rendez-vous.

- Vous détestez attendre les autres.
- Vous perdez facilement vos affaires.
- Vous avez l'impression de courir sans cesse après le temps.
- Vous êtes hyper stimulé par l'urgence.
- Vous procrastinez alors que vous avez le temps.
- Vous bâclez votre travail à la dernière minute.
- Vous avez tendance à couper la parole aux autres.
- Vous tirez des conclusions hâtives.
- L'anticipation vous semble une pratique honteuse.
- Vous ne supportez pas la lenteur intellectuelle ou physique des autres.
- Vous êtes toujours en mouvement, même assis.
- Vous n'aimez pas le silence.

Éclairage

- Votre « Dépêche-toi » est très impatient… et pernicieux.

Il favorise l'émergence du sentiment d'imposture de ceux et celles qui veulent « ne pas avoir le temps » de prendre en charge les dossiers qui les angoissent.

Votre sentiment d'imposture naît de l'écart entre votre idéal d'effervescence et la réalité de vos actions. Vous mettez tout en œuvre pour convaincre les autres qu'ils ne peuvent pas vous solliciter, tant l'activité que vous déployez est essentielle et prioritaire.

- Vous adoptez donc une posture débordée… et c'est une imposture !

Votre objectif ? Faire croire que vous disposez de moins de temps quantitatif que les autres… pour avoir la paix et repousser tant que vous le pouvez la résolution de ce qui vous fait réellement stresser.

Mais que cachez-vous derrière cette image de personne débordée ? Une souffrance à laquelle vous ne voulez pas vous confronter. Que cette charge soit volontairement exagérée ou qu'elle soit réelle, ce trop-plein d'actions réalisées dans le stress vient combler un vide que vous ne voulez pas nommer, de peur de sombrer dans l'inactivité, l'absence de reconnaissance et la dépression.

Pourtant, à part vous, personne n'attend de vous que vous soyez en permanence en surchauffe pour vous estimer. En revanche, ils aimeraient que vous preniez le temps et que vous soyez de temps en temps à l'heure. Il n'y a qu'à vos yeux que vous êtes une imposture.

Notez les tâches que vous devez effectuer à leur heure idéale de réalisation, jusqu'à épuisement de votre to-do-list.

………………………………………………………………………………

………………………………………………………………………………

....

....

....

....

Qu'est-ce que cela vous inspire ?

....

....

....

Quelles tâches pourriez-vous supprimer pour vous dégager du temps ?

....

....

....

Et si vous vous libériez de votre contrainte temporelle, que feriez-vous ?

....

....

....

Et si j'étais libre ?

Vous pouvez décider de vous libérer des cinq drivers « Sois parfait », « Sois fort », « Fais des efforts », « Dépêche-toi » et « Fais plaisir » et réveiller votre part d'Enfant Libre[1], en étant créatif et spontané, en accord avec vos émotions sans considération excessive des attendus sociaux.

Relisez ce que vous avez noté à chaque étape. Quelles sont chez vous les injonctions les plus contraignantes ?

....

....

....

Évaluez leur niveau d'exigence sur une échelle de 0 à 10 et représentez-les dans le cercle ci-contre sous forme d'arc de cercle.

Dans le grand quartier restant, représentez la part de vous-même qui n'est pas soumise à ces drivers. Considérez cette part comme celle de l'Enfant Libre.

Relisez la dernière question de chacune des étapes : celle qui interroge votre liberté face aux injonctions insistantes qui gouvernent votre vie. Mesurez à quel point vous vous autorisez à écouter l'ensemble de la gamme de vos émotions, et à développer une pensée créatrice et rêveuse. L'Enfant Libre

1. Ian Stewart, *Key Figures in Counselling and Psychotherapy, Eric Berne*, Sage publications, Series Editor Windy Dryden, 1992, p. 30.

constitue la part modératrice essentielle à vos drivers, pour que ceux-ci soutiennent votre audace et votre efficacité au lieu de se muer en artisans de votre sentiment d'imposture.

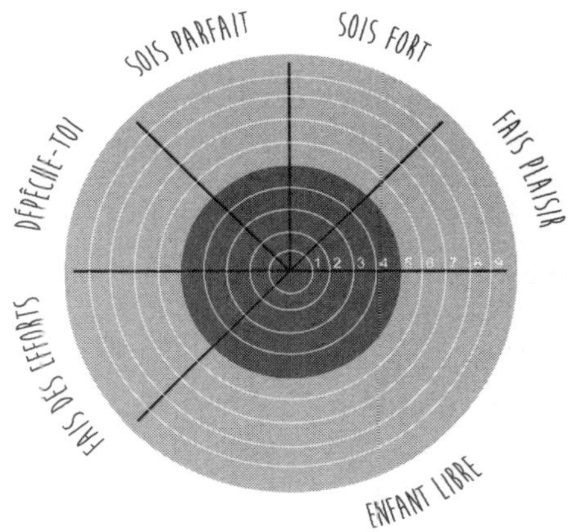

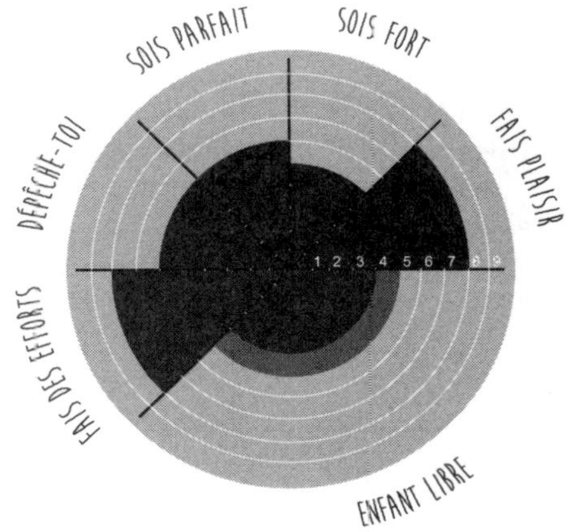

Exemple de roue des drivers et de l'Enfant Libre évalué comme suit :

« Fais plaisir » : 8

« Dépêche-toi » : 6

« Sois parfait » : 6

« Sois fort » : 4

« Fais plaisir » : 8

« Enfant Libre » : 4

Dans l'idéal, et pour être à l'équilibre, vous devriez être à 5 partout.

....

....

....

Alors, que vous prescrivez-vous ? Qu'allez-vous faire pour modérer vos drivers ? Car tout est question d'équilibre.

....

....

....

---

3. Et si on tournait les pages des contes familiaux ?

Le grenier de famille

Le sentiment d'imposture trouverait l'une de ses sources dans les légendes familiales transmises de génération en génération comme un passage de relais entre coureurs.

Dans le grenier de famille, peut-être avez-vous découvert :

- que celle-ci ne valorisait pas franchement les compétences artistiques alors que vous rêviez profondément de monter sur scène et de faire vibrer le public avec votre guitare électrique ;
- ou qu'elle était plutôt du genre modeste et que pour elle il était impensable d'accéder à des postes à très haute qualification ;

- ou qu'elle ne valorisait pas la sensibilité féminine, mais plutôt le courage plus masculin ;
- ou que les figures parentales écrasaient les initiatives et la créativité des enfants, et ce à chaque niveau jusqu'à même vos arrière-grands-parents ;
- ou que d'autres histoires encore perduraient de génération en génération, et que vous reproduisiez ce conte familial dans votre vie quotidienne ?

Ce conditionnement intergénérationnel vous a peut-être consciemment et inconsciemment conduit à douter de vos capacités personnelles et professionnelles.

Victor, 43 ans, est sur le point d'intégrer une nouvelle structure. Sur ces vingt dernières années, il a déjà changé une fois d'orientation et en est à son quatrième poste. Victor est passionné de musique rock'n'roll. Il fait de la guitare depuis ses 5 ans. Son rêve profond ? Baigner dans le milieu artistique, monter un groupe, écrire, chanter, peindre…
Dès le lycée, les déboires commencent : alors qu'il aurait dû s'épanouir en filière littéraire, il suit les conseils de sa famille, et après un bac ES, il intègre une classe préparatoire HEC sans franchement comprendre comment il a pu en arriver là ! Ses résultats scolaires au lycée, en effet, sont dans la moyenne. Malgré les affirmations élogieuses de son professeur de lycée, qui tente de valoriser son potentiel, Victor est convaincu qu'il doit sa place en classe préparatoire uniquement au fait que son frère et sa sœur l'ont aidé à rédiger sa lettre de motivation. Ce sentiment d'imposture,

il ne peut pas l'exprimer, tant il paraîtrait incongru aux yeux de sa famille.
Ses parents sont si fiers de lui, non seulement parce que cela correspond à ce qu'ils ne se sont pas autorisés à faire à son âge, mais aussi parce que la valeur « réussite sociale » est importante pour eux. Travailleurs engagés, infatigables et exemplaires, ils ont eux-mêmes su faire preuve d'adaptation et gravir les échelons pour atteindre les postes les plus prisés. Ils partagent tous deux le goût du défi et l'ont transmis à leurs enfants, comme une injonction à laquelle on ne saurait déroger !
À Noël, par exemple, Victor reçoit depuis toujours des cadeaux utiles pour sa réussite professionnelle future : l'encyclopédie en douze volumes, une calculatrice, des cahiers et des stylos. Les partitions de guitare se font de plus en plus rares au fil des années et lorsque le Père Noël y a pensé, ce sont des partitions de musique classique, loin des yéyés et des guitares qui électrisent des foules entières.
Deux années de classe préparatoire plus tard, Victor intègre une école de commerce où il découvre le contrôle de gestion, le marketing, la comptabilité et la communication. Capable de s'adapter comme son frère et sa sœur, Victor développe facilement de nouvelles compétences avec une spécialisation en marketing. Son projet professionnel est très loin de ses rêves. À la sortie, il accepte le cadeau de son oncle qui a besoin de rafraîchir l'image de son entreprise de travaux. Quelle fierté encore de participer à la légende familiale !
Trois ans plus tard, à l'approche des fêtes de fin d'année, Victor se retrouve le dos coincé, alité. Il se pose des tonnes de questions et en tire les conclusions suivantes : « J'ai

presque 27 ans, je n'y connais absolument rien en travaux et je suis encore moins au courant de ce qui se fait en vogue en marketing aujourd'hui. Je rêve de guitare et de rock'n'roll. » S'ensuivent : un congé maladie prolongé ; une stratégie marketing à reprendre de zéro ; une famille du genre très inquiète, mais pas franchement empathique ; un conseil familial sur son devenir.
Victor ne peut pas se relever. Les liens avec ses parents se compliquent.

Peut-être avez-vous reconnu une partie de votre histoire dans l'aventure de Victor ou que celle-ci fait écho à celles de proches ? Vous avez ainsi le sentiment que l'histoire de votre vie, c'est d'être en adaptation permanente ! Parfois, dans les moments plus difficiles, vous pensez peut-être comme Victor ne pas être à votre place ou ne pas être perçu à votre juste valeur. Vous n'accueillez plus les compliments, balayez d'un revers de main les encouragements et confiez les clés de votre vie aux membres de votre famille. Après tout, cela a toujours fonctionné comme cela pour vos frères et sœurs, comme pour vos grands-parents, même vos oncles et tantes, et ce n'est pas aujourd'hui que cela va changer.

Lorsque nous rencontrons Victor qui a décidé de se faire aider, il connaît sa première crise existentielle. Sa « liste de questions prise de tête » ressemble à : « Suis-je un imposteur ? » ; « Suis-je vraiment taillé pour ce poste ? »

Nous l'invitons à ouvrir la boîte à souvenirs et à dépoussiérer le grimoire des légendes familiales.

Le grenier du Père Noël

Imaginez le Père Noël dans son grenier de famille. Il s'assoit sur un tabouret, souffle sur la poussière et déniche des trésors fantastiques. Voici la boîte à souvenirs oniriques, le grimoire de ses aïeux et, sous un amas d'objets, de lettres et autres bricoles, le livre de ses contes familiaux.

Dans la première histoire de famille, la vie du Père Noël est « liée à l'histoire des migrants new-yorkais qui a pris un peu de tous les pays où elle est passée » et est « riche d'emprunts culturels divers[1] ». Père Noël n'aurait pas eu d'autres choix que de suivre la tradition familiale, de pays en pays, de foyer en foyer, pour apporter les cadeaux et célébrer l'esprit de famille. Qui vous dit que la famille, c'est réellement son truc ?

Dans la deuxième histoire, le Père Noël apprend qu'il vient de Norvège et qu'en réalité, sous son costume rouge, il est le dieu du tonnerre Thor, fils du dieu Odin, dieu polymorphe, patron de la magie, de la poésie, des prophéties, de la guerre et de la chasse, chevauchant son cheval à huit pattes et de la déesse Jörd, incarnation de l'immense terre. Le Père Noël, par conséquent, a reproduit l'avatar du cheval de papa, son traîneau et ses huit

1. Martyne Perrot, *Faut-il croire au Père Noël ?*, Le Cavalier bleu, 2010. Sociologue au CNRS, Martyne Perrot est membre du centre Edgar-Morin.

rennes Fougueux, Danseur, Fringant, Rusé, Comète, Cupidon, Tonnerre et Éclair. Le Père Noël nage une fois encore en plein sentiment d'imposture.

Bien sûr, en tant qu'humain, vous n'y aviez vu que du feu et le Père Noël vous remercie probablement pour ne pas avoir entaché sa confiance en lui, ses capacités et ses qualités propres au vu de son héritage divin colossal. Il compense par une quantité de cadeaux pharaoniques chaque année. En secret, il n'ose pas vous confier qu'il adore enfiler à la nuit tombée son costume de super-héros des temps modernes avec un peu plus de paillettes, de superpouvoirs et s'imaginer faire partie de la clique à Marvel. Il aurait d'ailleurs bien trop peur que ses parents le démasquent et d'être pris là en flagrant délit d'imposture.

Penser en dehors de la boîte

Autorisez-vous à poser un autre regard sur votre sentiment d'imposture, à changer d'angle avec beaucoup de bienveillance, de tendresse, de compassion, d'empathie et de gratitude envers ces histoires qui y sont certainement pour beaucoup dans votre sentiment d'aujourd'hui.

En décryptant vos contes familiaux, vous découvrirez quelques origines complémentaires de votre sentiment d'imposture. Vous prendrez de la distance sur ce qui vous a été transmis et vous vous interrogerez peut-être sur la raison qui vous a poussé à enfouir au plus profond de vous certains désirs profonds, rêves et besoins qui vous animent plus que tout.

Les boîtes de Pierre Rabhi

En contant sa légende familiale, Pierre Rabhi[1], essayiste, romancier, agriculteur, conférencier et écologiste nous dévoile son questionnement quant à l'influence du déterminisme familial sur son identité et sur son sentiment d'imposture. Contraint de quitter l'Algérie, il apprend en route que ses ancêtres étaient, entre autres, des Gaulois. En arrivant à Paris, il cherche un travail et s'aperçoit qu'il n'a pas acquis de qualification. Lui qui est passionné de philosophie, il se retrouve ouvrier spécialisé. Il prend alors conscience qu'il est temps pour lui de faire de sa vie ce qu'il souhaite vraiment : philosopher.

Le sentiment d'imposture viendrait de vos conditionnements – au sens propre de boîtes – et donc du décalage entre vos boîtes et vos désirs profonds. « Je viens au monde dans une couveuse, je vais au bahut, qui est une boîte, sors en boîte de nuit en empruntant une caisse, puis je rentre dans une boîte, puis vais dans une autre, jusqu'à me retrouver dans une boîte pour vieux et finir dans une boîte en bois. »

La boîte à souvenirs familiaux

Allez dans le grenier de famille et ouvrez les boîtes de vos déterminismes familiaux : vous reviendrez au point de départ de votre histoire et à une des sources de votre

1. Pierre Rabhi, « Y a-t-il une vie avant la mort ? », « TEDxParis, 15 janvier 2011 – https://www.youtube.com/watch?v=HyNinbbzGuE

sentiment d'imposture. C'est ce que fait Victor lorsqu'on lui demande d'identifier les sources de son imposture en remontant le courant des déterminismes familiaux.

Victor se replonge dans ses souvenirs familiaux, passe en revue les perles qu'il a pu entendre.
« Lorsque j'étais plus jeune, on m'a dit que :
- *« la famille s'en sort toujours coûte que coûte » ;*
- *« l'art, c'est un loisir et on ne peut pas en vivre » ;*
- *« gagner de l'argent est important pour construire une famille » ;*
- *« Oncle Pierre est un époux modèle et il se saigne pour faire vivre le foyer » ;*
- *« un emploi stable, un CDI, une maison, une femme, un chien, et une balançoire sont des facteurs de réussite dans la vie » ;*
- *« je dois prendre exemple sur mes frères et sœurs » ;*
- *« je dois me souvenir de Tante Mélanie qui n'en avait fait qu'à sa tête et réfléchir à deux fois avant de choisir une voie bouchée » ;*
- *« la famille n'a pas d'état d'âme et elle est parée à tout ».*

Il place ses perles dans un écrin et commence à se constituer une parure. Les boîtes successives de Victor sont :
- *le berceau ;*
- *l'école et sa voie généraliste dans une boîte à bac ;*
- *la boîte à rythmes dans son garage ;*
- *la boîte à fric et à marketing ;*
- *la boîte à tonton,*
- *l'entreprise familiale de son oncle où la moitié de la famille travaille.*

L'écrire ainsi lui permet de prendre conscience du déterminisme familial et de son influence tant sur son identité que sur son sentiment d'imposture. Et pourtant, tout aurait pu être différent !

Et dans votre boîte à souvenirs familiaux, qu'y a-t-il ? Laissez-vous guider étape par étape.

Étape 1

Tel Victor, dessinez sur une feuille une parure étincelante en vous plaçant au centre. Ajoutez sur chaque perle un membre de votre famille. Vous pouvez ajouter autant de perles que vous le souhaitez.

Par exemple pour Victor

Oncle et tante paternels : « Un emploi stable, un CDI, une maison, une femme, une balançoire, un chien, ta panoplie de réussite. »

Mes grands-parents : « Dans la vie, on ne fait jamais ce que l'on veut. »

Étape 2

En dessous de chaque nom, inscrivez maintenant le message qui vous a été transmis tout au long de votre vie.

Étape 3

Reprenez chaque personne inscrite sur cette carte et reproduisez le tableau ci-dessous sur une autre feuille.

Ma famille	Ce que ce message dit d'elle/ de lui/d'eux	D'où provient ce message, quelle génération ?	Ce pour quoi je la/le/les remercie
Mes grands-parents	Ils n'ont pas pu écouter leurs désirs profonds	De leurs parents et de la guerre mondiale	Je les remercie pour leur force, leur résistance et leur courage

Les étapes de vie

À partir des exercices précédents, posez-vous la question de votre sentiment d'imposture, et ce en fonction des différentes périodes de votre vie : enfance, adolescence, premiers pas d'adulte, la trentaine, quarantaine, cinquantaine, soixantaine, la retraite.

Pour chacune des périodes de vie :

- racontez votre sentiment d'imposture ;
- identifiez vos drivers/pilotes de vie.

Comment voyez-vous maintenant votre sentiment d'imposture ? Qu'est-ce qui a changé pour vous ?

Victor finalisant la carte de son sentiment d'imposture respire un bon coup et se sent soulagé. En définitive, cet héritage lui a apporté son lot de surprises et de cadeaux. Ces cadeaux familiaux sont la vigilance, l'adaptabilité, l'autonomie. Le comprendre lui permet d'être plus indulgent vis-à-vis de ses parents (« Ils ont fait au mieux ») et de se délester d'un poids sur son sentiment d'imposture, tout en ayant conscience qu'il n'en a découvert qu'une des sources. Il s'offre l'autorisation d'écrire son propre conte et l'intégration dans un groupe de musique comme guitariste.

Les trois paliers de gratitude

Plonger dans les contes familiaux permet d'explorer les trois paliers de gratitude[1].

Le premier palier de gratitude est celui où vous reconnaissez le bienfait reçu et marquez simplement cette reconnaissance. D'un point de vue linguistique, il correspond au « *thank* » anglais ou au « *zu danken* » allemand.

Le deuxième palier est celui par lequel vous remerciez le bienfait reçu et le bienfaiteur. Cela correspond aux origines du « merci » français, grâce, miséricorde, et au « *shukran* » arabe par exemple.

1. St. Thomas Aquinas, *Summa Theologiae Prima Pars*, 50-119. Edited by John Mortensen and Enrique Alarcón. Translated by Fr. Laurence Shapcote, OP. Latin/English Edition of the Works of St. Thomas Aquinas, vol. 14. Lander, WY : The Aquinas Institute for the Study of Sacred Doctrine, 2012.

Le troisième palier réside, lui, dans la contrepartie du bienfait reçu, en fonction des moyens de chacun et des circonstances les plus opportunes. L'« *obrigado* » portugais, l'« *arigato* » japonais illustrent ce niveau le plus fort de gratitude : la chose difficile à obtenir. Ces mots donnent de la valeur à l'action qui a été faite par la personne. Ils soulignent le fait que cela ne nous est pas dû. Il s'agit bien d'une faveur. Ce troisième niveau de gratitude correspond à un thème central dans la valeur de la vie humaine chez les bouddhistes.

Comme en plongée, plus vous passez de niveaux de gratitude, plus votre expertise est réelle et votre sentiment d'imposture en bouteille est léger.

Passez les paliers et évaluez votre niveau de gratitude

En tournant les pages de vos contes familiaux, vous vous êtes autorisé à faire un état des lieux complémentaire dans la compréhension de votre sentiment d'imposture actuel. Vous avez pu identifier non seulement les forces liées à votre histoire familiale mais aussi ses freins qui ont ancré votre sentiment d'imposture. Vous avez peut-être rétabli quelques perceptions erronées au passage et vous êtes réapproprié votre propre histoire familiale en changeant d'angle et en la saupoudrant d'un peu plus de gratitude.

Lorsque vous avez réalisé votre « parure familiale » et remercié chacun de vos proches pour les messages qu'ils vous avaient transmis, quel degré de gratitude avez-vous atteint ? Cherchez maintenant comment atteindre le troisième niveau de gratitude. Vous en ressortirez grandi et votre sentiment d'imposture allégé.

Gratitude, sentiment d'imposture et résilience

Le psychiatre, écrivain et conférencier Boris Cyrulnik[1] explique que, face aux traumatismes, nous sommes inégaux face à la résilience.

Chez ceux dont les malheurs ou drames familiaux ont pu être intégrés, digérés et acceptés, le niveau de confiance n'est pas altéré. Ils suivent le cours de leur existence comme ils l'entendent. Ils travaillent, aiment la vie, sont fiers d'eux-mêmes, de leurs proches. Ils participent et contribuent à l'effort collectif et rient même beaucoup. Ce phénomène se nomme la « résilience[2] ». C'est « l'aptitude d'un corps à résister aux pressions et à reprendre sa structure initiale [...]. La résilience est en psychologie la capacité à vivre, à réussir, à se développer en dépit de l'adversité[3] ».

À l'inverse, ceux pour qui le chemin de la résilience est plus complexe, voire impraticable, voient leurs niveaux d'estime d'eux-mêmes et de gratitude altérés. Obligés de s'adapter pour échapper au jugement de ceux qui ne comprennent pas leur deuil, ils sont contraints de

1. Boris Cyrulnik, *Un merveilleux malheur*, 1999 et *Les Vilains Petits Canards*, 2001 (tous deux publiés chez Odile Jacob).
2. Emmy Werner, *Through the Eyes of Innocents*, Basic Books, 2001 ; John Bowlby, *Attachement et perte – vol. 1, L'Attachement*, PUF, 2002.
3. Boris Cyrulnik (interview), « Résilience : comment ils s'en sortent », *Psychologies*, 1er mars 2019.

surjouer et de se suradapter. Les injonctions contraignantes les harcèlent pour continuer à avancer, ce qui exacerbe leur sentiment d'imposture.

Votre sentiment d'imposture suit ainsi votre évolution résiliente. Plus vous arrivez au cours de votre vie à mettre en place une stratégie de résilience par rapport à votre héritage conscient et inconscient familial, plus votre sentiment d'imposture s'estompe. Cela ne veut pas dire qu'il s'éteindra totalement, mais que vous pourrez plus facilement vivre avec lui, l'écouter et le transformer en quelque chose de bénéfique pour vous et pour votre vie, ainsi que pour celle de votre entourage.

Victor, lors de son changement de carrière, s'est autorisé, malgré la douleur, à voir la réalité de ses origines familiales en face. Il confie que le plus grand pas accompli dans son chemin de vie pour se rapprocher de ses rêves fut de faire quelques pas en arrière ! Victor a rembobiné un instant le film de sa vie. Il est revenu à la source pour corriger quelques vérités. Il a surtout atteint le troisième niveau de gratitude envers chaque membre de sa famille. Il les a remerciés sincèrement pour ce que chacun de leurs messages lui a permis d'accomplir dans sa vie. En empruntant cette voie, Victor, sans l'avoir formalisé, était sur le chemin de la résilience. Il a surmonté les difficultés, chocs et traumatismes familiaux vécus. Il a trouvé des solutions, rebondi et s'est rapproché de ses désirs profonds. Lui qui ne se sentait pas à sa place pendant les vingt premières années de sa vie s'est progressivement réattribué les lauriers de ses réussites avec à la clé une dose complémentaire de confiance en lui !

Pour décrire ce qui se rapporte à votre identité, à vos ressentis et à ce que vous souhaitez afficher ou cacher de votre histoire familiale, utilisez le blason comme outil au service de l'estime de soi, et identifiez tous les éléments qui soutiennent votre gratitude vis-à-vis de votre famille[1].

Et vous, quel est le blason de votre gratitude familiale ?

Reproduisez-le et remplissez-le.

Respirez, laissez infuser et faites confiance au process !

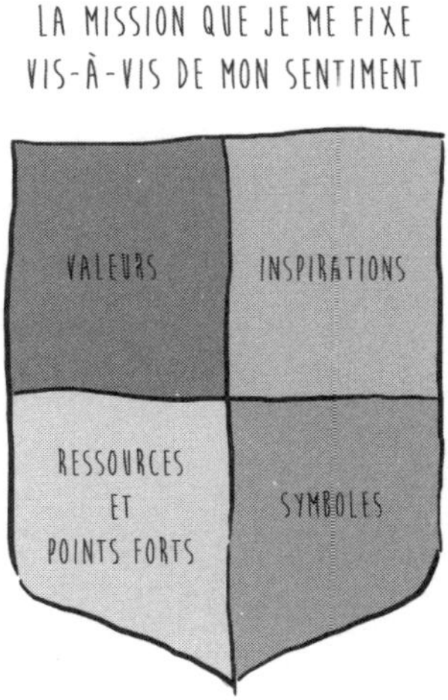

1. Mariette Strub-Delain (psychologue du travail), *Le Petit Livre de l'estime de soi*, First Éditions, 2017.

Qu'est-ce que ce blason m'apporte ?

....

....

....

4. Réagir au burn out et au bore out

Le cercle vicieux du sentiment d'imposture

Décrit par Pauline Rose Clance en 1985[1] et représenté par les psychologues cliniciens Kevin Chassangre et Stacey Callahan[2], spécialistes du syndrome de l'imposteur, le cycle de l'imposteur est un cercle vicieux, mais qui renforce systématiquement le syndrome. Parfois, il pousse à se dépasser. Parfois, il tétanise.

Ce cercle vicieux, il est possible d'en sortir… par le haut, ou par le bas.

Lorsque vous souffrez du sentiment d'imposture, vous pouvez adopter deux types de comportements au moment

1. Pauline Rose Clance et Suzanne Ament Imes, *op. cit.*
2. Kevin Chassangre et Stacey Callahan, *Traiter la dépréciation de soi – Le Syndrome de l'imposteur*, Dunod, 2015.

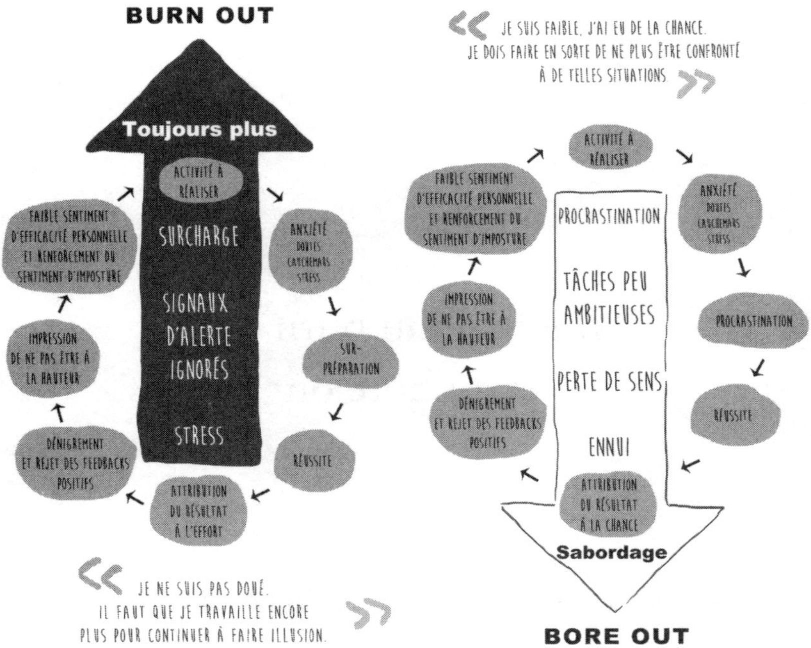

de passer à l'action : soit la surcharge, qui peut mener au burn out (syndrome d'épuisement professionnel) ; soit la procrastination, qui peut mener au bore out (syndrome d'épuisement professionnel par l'ennui).

Burn out : quand votre corps vous met échec et mat

Le « syndrome d'épuisement professionnel » évoque une consumation totale de celui qui en souffre. Il est défini par l'OMS[1] comme un syndrome résultant d'un

1. OMS : onzième révision de la Classification internationale des maladies (ICD-11), mai 2019.

stress chronique au travail qui n'a pas été géré avec succès, et qui se manifeste par un manque d'énergie ou d'épuisement, un retrait vis-à-vis du travail et une perte d'efficacité professionnelle.

Nadège a 47 ans. Après une école d'ingénieurs, elle a intégré un grand groupe dès sa sortie d'école. Ses collègues ? Des hommes, principalement. Les femmes sont rares dans le secteur de la logistique, et le phénomène s'accentue lorsqu'elle gravit les échelons. Professionnellement, Nadège s'impose. Ou plus exactement, elle en impose. Avec elle, les réunions vont vite et lorsque sa décision tombe, elle est tellement logique que personne ne la conteste. Nadège parle peu. C'est une stratège. Quand elle aborde un sujet, ses interlocuteurs ont l'impression qu'elle voit plus loin qu'eux, et qu'elle déplace ses pions sur un grand échiquier. Elle a toujours trois coups d'avance.
Et pourtant, un jeudi de novembre, son corps la met échec et mat. Pas moyen de se lever, au sens propre du terme. Le réveil sonne ce jour-là, mais rien ne bouge. Elle doit pourtant animer un comité de pilotage. Tout est prêt : le PowerPoint, le document, la stratégie, et jusqu'à sa tenue impeccable qu'elle a choisie la veille au soir avant de se glisser sous la couette. Depuis des mois, ses équipes et elle-même travaillent d'arrache-pied, sans compter les heures.
Le diagnostic du médecin est sans appel : burn out. Son corps, ce grand serviteur muet que son esprit avait toujours mis au pas, lui a opposé une fin de non-recevoir. Un premier arrêt de quelques jours ne recharge pas les batteries. Alors elle enchaîne, avec des arrêts d'une semaine, puis d'un mois, puis

un arrêt par mois, jusqu'à ce qu'elle décide de mettre fin à la situation, car celle-ci n'est plus tenable avec l'entreprise.

En quoi le burn out peut-il être lié au sentiment d'imposture ?

■ La métaphore de l'ampoule

Imaginez une ampoule qui représenterait votre énergie. Allumée, elle a toute capacité à rayonner et à mettre en valeur l'ensemble de vos talents et de vos compétences. Éteinte, elle se repose. Grillée, elle ne fonctionne plus. Mais pourquoi une ampoule grille-t-elle ? Cela peut être dû à un dysfonctionnement interne ou à des causes externes liées à l'installation électrique : les fils se touchent, l'installation est vétuste, une surtension fait claquer le filament…

Il en est de même pour vous. Vous disposez de ressources en énergie qui vous imposent de vous reposer régulièrement et de récupérer. Vous pouvez être mis sous tension, parfois au-delà de ce que vous pouvez supporter. Il se peut, par exemple, qu'on vous fixe des objectifs inatteignables, ou que vous soyez soumis à des attentes contradictoires qui se court-circuitent. Il se peut aussi que vous vous mettiez vous-même sous tension…

■ Les voix que l'on écoute, et celles qu'on n'entend pas

Pour faire face, vous devez être à l'écoute de différents signaux. Soumis à une grande pression, ceux qui sont touchés par le burn out ont ignoré les signes avant-coureurs envoyés par leur corps et les conseils de leurs proches qui tiraient sur la sonnette d'alarme.

Ils ont par contre écouté les voix intérieures qui leur disaient :

- « Tu n'es pas à la hauteur » ;
- « Jusqu'à présent, tu as eu de la chance » ;
- « Ils vont se rendre compte que tu es un imposteur » ;
- « Sois fort » ;
- « Sois parfait » ;
- « Fais plaisir » ;
- « Fais des efforts » ;
- « Dépêche-toi ».

Ils ont tout fait pour ne pas être démasqués ; tout fait pour être à la hauteur des exigences des cinq drivers *(cf. chapitre 2)*, au point de consumer toute leur énergie.

Le cercle vicieux du burn out et du sentiment d'imposture

Une fois en burn out, le passage vers la dépression est d'autant plus aisé qu'on se sent incapable de répondre à une seule des injonctions qui nous ont menés jusqu'au déclenchement du syndrome d'épuisement professionnel. Cela renforce encore le sentiment d'imposture.

Nadège sombre dans une dépression. Elle se fait d'abord accompagner par un psychothérapeute, ce qui lui permet de se poser les bonnes questions. Consciente qu'elle n'est plus en mesure de relever les défis professionnels escomptés, Nadège négocie son départ et le financement d'une reconversion. Pour la première fois de sa vie, Nadège n'a pas de stratégie. Elle ne sait pas vers quoi s'orienter, mais elle a une envie : s'accorder du temps, et faire attention à elle. Elle ne veut plus de burn out.

Et vous, identifiez vos symptômes et prenez la mesure de l'impact de votre sentiment d'imposture.

Reprenons quelques signes avant-coureurs et symptômes éprouvés par Nadège plusieurs mois avant que son corps ne lui impose un burn out et lions-les aux différents drivers abordés au chapitre 2 : « Sois fort », « Sois parfait », « Fais plaisir », « Fais des efforts » et « Dépêche-toi ».

Listez vos propres symptômes dans ce même tableau. La liste proposée[1] n'est pas exhaustive, vous pouvez en ajouter. Elle n'a pas vocation non plus à permettre un diagnostic médical, mais simplement à prendre le temps de mesurer le risque. En cas de doute, n'hésitez surtout pas à consulter votre médecin !

---

1. Cette liste de signes et des symptômes sont décrits dans l'article de Marina Bourgeois, « Oser rêver sa carrière », du 24 janvier 2017. Établie sur la base de 46 témoignages recueillis lors des « Samedis du burn out », cette liste qui s'articule en trois sous-parties (symptômes physiques, symptômes psychiques, signes et symptômes comportementaux) n'a pas la prétention d'établir un diagnostic, mais simplement de montrer la diversité des ressentis en fonction des individus, et de permettre à chacun d'identifier les signaux d'alerte afin de réagir à temps. Pour en savoir plus : Marina Bourgeois, *Burn Out. Le (me) comprendre & en sortir*, Oser rêver sa carrière, 2018.

Driver « Sois fort »

	Symptômes physiques	Symptômes psychiques	Symptômes comportementaux
Ressentis par Nadège au cours des mois précédant le burn out	Fatigue physique persistante Troubles du sommeil	Sensation de toute-puissance : « Je peux tout gérer » Résignation	Surcontrôle, difficultés à déléguer
Autres symptômes possibles	Faibles défenses immunitaires Cicatrisation lente	Résistance pour se rendre au travail	Dispersion Augmentation des comportements à risque
La liste de vos symptômes			

Driver « Sois parfait »

	Symptômes physiques	Symptômes psychiques	Symptômes comportementaux
Ressentis par Nadège au cours des mois précédant le burn out	Infections urinaires Boutons de fièvre	Déception de soi : dépréciation du travail effectué et de ses compétences Culpabilité de ne pas être à la hauteur des attentes Perte d'idéaux	Attitude négative, détachée ou cynique vis-à-vis des autres Absence d'écoute des mises en garde de l'entourage Abandon des activités extra-professionnelles
Autres symptômes possibles	Eczéma, Transpiration excessive	Appréhension exacerbée de tout événement professionnel ou extra-professionnel Sentiment de perdre son identité Impression de perdre pied Perte de confiance dans ses compétences	Impressions de ne rien contrôler Pensées suicidaires Jalousie envers ceux qui « se la coulent douce »
Votre liste de symptômes			

Driver « Fais plaisir »

	Symptômes physiques	Symptômes psychiques	Symptômes comportementaux
Ressentis par Nadège au cours des mois précédant le burn out	Troubles de l'alimentation	Détachement émotionnel, dépersonnalisation Sensation d'être là sans être là Perte de sens	Paranoïa Diminution des interactions sociales Diminution de l'empathie
Autres symptômes possibles	Acouphènes	Sentiment d'être débordé par toute demande professionnelle ou extra-professionnelle Humeur changeante Incapacité à prendre des initiatives Sentiment de surcharge Crises d'angoisse, spasmophilie Tension nerveuse Patience altérée Abattement, hypersensibilité émotionnelle Tristesse	Indécision Repli sur soi, isolement, évitement Impulsivité et agressivité
La liste de vos symptômes			

Driver « Fais des efforts »

	Symptômes physiques	**Symptômes psychiques**	**Symptômes comportementaux**
Ressentis par Nadège au cours des mois précédant le burn out	Douleurs musculaires Maux de tête	Incapacité à s'arrêter de travailler et de couper une fois rentré chez soi Impression d'être dans *Mission impossible* Impression de courir sans avancer Sensation de spirale infernale, de piège	Consommation d'excitants
Autres symptômes possibles	Ulcères Migraines	Sensation d'être seul Incapacité à s'y mettre Pessimisme Ennui	Travail en pilotage automatique Diminution de la tolérance à la frustration
La liste de vos symptômes			

Driver « Dépêche-toi »

	Symptômes physiques	Symptômes psychiques	Symptômes comportementaux
Ressentis par Nadège au cours des mois précédant le burn out	Anorgasmie (hommes – femmes) Troubles digestifs (diarrhée, constipation)	Difficulté à venir à bout de sa to-do-list Sensation permanente d'être dans l'urgence	Horaires à rallonge Repas décalés ou oubliés Annulation des rendez-vous médicaux faute de temps
Autres symptômes possibles	Éjaculation précoce (hommes)		
La liste de vos symptômes			

Que décidez-vous ?

....

....

....

Question de profil

Nadège est amenée à identifier l'écart majeur qui existe entre ce qu'elle est et ce qu'elle s'efforce d'être depuis des années. Tout commence par un profil MBTI® (Myers-Briggs Type Indicator, le modèle de personnalité le plus utilisé dans le monde du travail). Ce modèle de personnalité fonctionne en trois étapes et permet d'accompagner l'individu à travers une analyse de sa personnalité :

- étape 1 : le questionnaire permet d'identifier « le profil apparent » – profil correspondant souvent aux attendus sociaux supposés, et révélant la façon dont la personne s'y est adaptée ;
- étape 2 : le coach MBTI® explique le modèle et invite la personne à se positionner sur les différents axes. Elle identifie ainsi son « profil reconnu » ;
- étape 3 : les deux profils sont comparés, et les différences entre le profil apparent et le profil reconnu sont analysés, ramenés à des situations réelles vécues,

qui permettent enfin, grâce au descriptif des différents profils, d'identifier le « profil validé ».

Il apparaît pendant la séance que Nadège a adopté un « profil apparent » très différent de son « profil validé ». Alors qu'on lui parle de profil adapté, l'aidant à nommer ses drivers et les impacts qu'elle a laissé ceux-ci prendre sur son état, elle rebondit sur la terminologie. « Profil adapté » ? Il me semble que j'ai déjà entendu parler de ça, mais ce n'était pas avec le MBTI®.

Utilisées par le modèle « Quatre couleurs » du DISC, un des modèles de personnalité les plus utilisés dans le monde avec le MBTI®, ces deux notions se définissent comme suit :

- « profil adapté » ou « Moi public » : ce profil de personnalité est celui que Carl Jung[1] aurait qualifié de « Masque » vous permettant de paraître. Vous le présentez afin de paraître à la hauteur des attentes supposées de votre environnement, notamment professionnel ;
- « profil naturel » ou « Moi privé » : ce profil est le plus stable et le moins conscient. Il correspond à votre comportement de confort, celui vers lequel vous vous repliez dès que vous éprouvez des difficultés à répondre aux exigences de votre entourage ou aux vôtres.

1. Charles Baudouin, *L'Œuvre de Jung*, Petite Bibliothèque Payot, 2002.

Les divergences entre les deux profils sont normales : elles correspondent à l'agilité dont vous devez faire preuve lorsque vous prenez une nouvelle responsabilité, intégrez de nouvelles contraintes ou évoluez dans un contexte complexe.

Nadège, par exemple, a forcé pendant des années son côté stratégique, consciencieux, planificateur et visionnaire, niant toute composante émotionnelle et créative qui pourtant est essentielle de son profil naturel. C'est ce qui ressort aussi très clairement lors de l'entretien MBTI®.
Lorsqu'elle avait passé le DISC avec ses collègues, lors d'un séminaire autour de la communication et le leadership, elle n'y avait pas trop prêté attention. Véritable machine de guerre, elle se connaissait bien des talents artistiques de peintre, mais y avait renoncé depuis que son père lui avait intimé l'ordre de cesser pour se concentrer vers une voie sérieuse qui lui permettrait d'être indépendante et de devenir quelqu'un. Elle n'était alors qu'adolescente, et jusqu'à présent, elle avait toujours considéré que cet homme sévère et exigeant avait eu raison.
Du fait de son éducation, elle a acquis des compétences techniques et comportementales qui lui ont permis de mener une carrière exemplaire… jusqu'à ce que tout s'arrête brutalement.
Nadège fait exploser peu à peu les verrous d'une bonne éducation exigeante et rigide.

- *« Sois brillante » ;*
- *« Sois forte, femme dans un monde d'hommes » ;*

- *« Sois indépendante » ;*
- *« Fais carrière » ;*
- *« Sois sans limites ».*

Ces voix, elle les entend encore, mais elle a appris à les raisonner, afin de conserver la stimulation et le goût du défi qu'elles lui donnent, tout en leur opposant, « profil validé » à l'appui, sa posture d'Enfant Libre.

Et vous, que vous offrez-vous ?

....

....

....

Qu'est-ce que cela va vous apporter ?

....

....

....

Pourquoi est-ce important pour vous ?

....

....

....

Ainsi, pour certains, le sentiment d'imposture pousse à se dépasser, au point de réaliser des grandes choses... jusqu'à ce que le burn out mette un terme à cette dynamique. Pour d'autres, il est synonyme de blocages incapacitants et de dépression.

Le bore out, lorsque votre ennui vous met K.-O.

Votre sentiment d'imposture vous pousse-t-il à l'inertie ? En cas de procrastination, le bore out vous guette ! Face à l'action qui vous stresse et dont la réalisation vous semble insurmontable, la procrastination s'impose. Convaincu de ne pas être à la hauteur des attentes de votre environnement et de vos injonctions contraignantes qui vous tétanisent *(cf. chapitre 2)*, vous repoussez le moment de vous mettre au travail.

Dans le meilleur des cas, vous déployez énormément d'efforts au dernier moment, et vous réussissez. Au moment de récolter les fruits de vos talents, de votre agilité et de vos efforts (certes, de la dernière heure), vous vous en remettez à la chance.

Hélène est consultante en communication. Pour certains projets, son sentiment d'imposture est à son comble. Plus le stress est important, plus elle procrastine, souffrant d'insomnie, de maux de ventre et de blocages musculaires. Elle se maudit d'avoir accepté la mission et se sent illégitime. Elle développe alors des comportements négatifs, et subit la moindre sollicitation extérieure comme une agression. Très stimulée par la deadline, elle finit toujours par se mettre au travail et par produire l'attendu dans la douleur.

Dans ce cas, le risque est mesuré : si vous parvenez à relever les défis, vous pouvez continuer à évoluer sans dommage majeur autre qu'un renforcement de votre sentiment d'imposture. Dans le pire des cas, vous vous sabordez et refusez toutes les missions qu'on vous propose. Vous ne vous sentez pas à la hauteur des attentes, malgré des compétences évidentes reconnues par tous.

Andrée a refusé au sein d'une ONG un poste dans lequel elle aurait pu se sentir stimulée intellectuellement tout en servant un idéal conforme à ses convictions. « Alix sera bien plus compétente que moi sur le poste », a-t-elle affirmé contre l'évidence, déployant tous ses talents pour convaincre. Le cercle vicieux est enclenché. Depuis, elle refuse régulièrement des missions taillées sur mesure par crainte de ne pas être à la hauteur.

Le risque est alors fort de sombrer dans le bore out. Sans suivre l'exemple kafkaïen d'Amélie-san, l'héroïne de *Stupeur et tremblements*[1], vous vous mettez dans des situations qui peuvent vous pousser toujours vers moins de responsabilités et moins de stimulations

1. Amélie Nothomb, *Stupeur et tremblements*, Albin Michel, 1999. La narratrice, embauchée comme traductrice, met en scène sa descente au plus bas des échelons dans l'entreprise Yumimoto.

intellectuelles… Avec un vrai risque, dans cette logique de sabordage, de sombrer dans le bore out.

En quoi le bore out peut-il être lié au sentiment d'imposture ?

Décrit en 2007 par Peter Werder et Philippe Rothlin[1], ce syndrome présente de nombreux symptômes similaires à ceux du burn out. Fatigue, anxiété, perte d'estime de soi… le bore out vient de l'absence de stimulation intellectuelle, voire de stimulation tout court. Lorsque le travail manque, ou que les tâches sont répétitives et dénuées de sens, et donc frustrantes, le bore out s'installe. Il peut être subi, du fait de l'organisation en place, mais aussi créé par la personne qui choisit de ne pas oser relever les défis et de ne prendre en charge que des tâches génératrices d'un ennui profond… par pur sentiment d'imposture.

Mais comment le sentiment d'imposture peut-il mener à la procrastination et, par ricochets, au bore out ?

Comme pour le burn out, vous pouvez entendre les injonctions contraignantes résonner dans vos têtes. Mais alors que pour le burn out ces dernières vous poussent à vous dépasser, dans le bore out, celles-ci vous bloquent et vous empêchent de relever des défis stimulants dont votre cerveau a pourtant tant besoin !

1. Peter Werder et Philippe Rothlin, *Boreout!: Overcoming Workplace Demotivation*, Kogan Page Ltd, 2007.

- « Sois fort » vous engage à ne surtout pas risquer de paraître faible, et donc à ne pas prendre le risque de vous mettre dans une situation qui vous contraindrait à risquer de révéler que vous n'êtes pas fort.
- « Sois parfait » vous bloque dans vos expériences et vos apprentissages. Imaginez que vous puissiez faire une erreur et que celle-ci soit découverte !
- « Fais plaisir » vous angoisse. Et si on ne vous aimait pas ? Autant ne pas entrer en contact avec la personne qui pourrait vous tirer de votre ennui.
- « Fais des efforts » vous pousse à être fatigué par avance.
- « Dépêche-toi » vous place au pied de la montagne que vous pourriez gravir, si vous vous accordiez le temps de le faire.

Lorsque les drivers vous tétanisent, la fatigue s'installe et, avec elle, l'incapacité à passer à l'action. Cette sensation de fatigue est d'autant plus accentuée que vous n'avez aucune activité stimulante et aucun défi à relever. Votre intelligence créative, non sollicitée, s'éteint peu à peu. Vous sombrez en dépression, et ne pouvez plus imaginer d'issues à cet ennui mortel qui pèse sur vous.

Êtes-vous menacé par le bore out ? Prenez une situation de procrastination et suivez les différentes étapes décrites par Pauline Rose Clance :

Étapes du cercle vicieux	**J'ai pensé, j'ai dit, j'ai fait**
Activité à réaliser	
Anxiété (doutes, cauchemars, stress)	
Procrastination	
Réussite	
Attribution du résultat à la chance	
Impression de ne pas être à la hauteur	
Faible sentiment d'efficacité personnelle & renforcement du sentiment d'imposture	
Impact sur votre posture face à une nouvelle activité	

Alors, quel cadeau vous ferez-vous pour alléger votre sentiment d'imposture ?

....

....

....

Qu'est-ce que cela va vous apporter ?

....

....

....

Pourquoi est-ce important pour vous ?

....

....

....

5. Oser sortir de son sentiment d'imposture !

L'agneau, le loup et le bon berger : le triangle dramatique

Le médecin psychiatre, psychologue et transactionnaliste Stephen Karpman[1] a formalisé le triangle infernal de la communication que nous jouons tous, inconsciemment ou pas, en passant d'un rôle à l'autre : la victime (l'agneau) ; l'agresseur (le loup) ; le sauveur (le bon berger). En incarnant ces rôles à la perfection parfois, vous avez tous les ingrédients de réussite pour donner du coffre à votre sentiment d'imposture.

Cela se manifeste par ce que vous dites, faites et exprimez. Lorsque vous tentez de communiquer et d'exprimer

1. Stephen Karpman, *Le Triangle dramatique – Comment passer de la manipulation à la compassion et au bien-être relationnel*, Interéditions, 2017.

vos besoins réels, vos peurs, vos désirs et vos rêves profonds, vous ne savez pas le faire de manière véritable et authentique. Vous optez pour des plaintes, des critiques, des accusations, des autodénigrements ou des actions d'éclat en vous portant à la rescousse de ceux qui ne vous ont rien demandé ! Vous voudriez ainsi qu'on vous accorde de l'attention et qu'on se rallie à votre cause pour espérer renforcer votre estime de vous. Le bon berger (sauveur) rêve qu'on le remercie. Le loup (agresseur) veut s'imposer par la contrainte. L'agneau (victime) veut être pris en charge. Vous vous cachez derrière des jeux de rôles parce que vous voulez inconsciemment obtenir quelque chose des autres pour qu'ils contribuent à votre propre réussite. Mais au fond de vous, vous n'êtes pas dupe, ce qui renforce votre sentiment d'imposture. Vous manquez d'estime de vous et vous vous enfermez dans un cercle vicieux qui, quelle que soit la place que vous occupez, sape votre confiance.

Le témoignage de Clara fera peut-être écho à des situations que vous avez vécues.

Clara a 39 ans. Elle est passionnée de langues, de voyages, de chant et de théâtre. Après un passage à l'université où elle obtient sa licence sur le fil, elle décide de plonger directement dans le monde du travail. Elle part découvrir Londres à 21 ans et s'y installe non sans difficulté. Elle enchaîne les petits boulots, serveuse par ici, pet-sitter par-là, vit en colocation avec d'autres jeunes. La vie londonienne

n'est pas si confortable : elle cache la moitié de la réalité à ses parents.
Séparés, ces derniers vivent à Lyon. Papa est dentiste, maman ne travaille pas, elle n'en a pas eu besoin : son ex-mari a toujours pris soin de la protéger, le divorce n'étant toujours pas prononcé et ne risquant pas de l'être un jour. Clara a un petit frère graphiste et passionné de théâtre également. Lorsqu'elle lui annonce son retour sur Lyon, celui-ci est ravi : ce n'est pas simple pour lui de vivre seul avec leur mère. En rentrant, Clara ne sait pas quoi faire de sa vie. Ses parents lui présentent leur réseau, et de fil en aiguille, elle finit par travailler dans une agence de tourisme dédiée aux VIP. Au quotidien, elle est d'abord au comptoir puis devient assistante de direction. Elle est stable financièrement, retrouve un appartement et emménage avec son nouveau copain. La belle histoire dure presque quinze ans. Son compagnon gagne particulièrement bien sa vie, il est présent et prévenant.
Clara lui répète souvent : « Je ne comprends pas pourquoi tu es avec moi, ma vie est vraiment moins fun que la tienne, je ne suis qu'assistante et gagne beaucoup moins que toi. » Clara se plaint souvent : « La vie est triste », « Mon compagnon est mieux que moi », « Mes amies sont magnifiques », « Il pleut souvent à Lyon », « Je n'arriverai pas à faire autre chose », « Je n'ai pas de talents », « De toute manière, c'est comme ça »…
Lorsqu'elle ne se plaint pas, Clara aide toutes les personnes de son entourage qu'elle imagine en difficulté. Elle fait alors le travail de la personne au comptoir à sa place, aide son directeur sur des dossiers qui ne sont pas de son périmètre

d'action les week-ends, parfois jusqu'à minuit le samedi soir, aide son père à faire en extra sa comptabilité, et son frère à trouver des clients, alors que lui ne souhaite qu'une chose : créer un spectacle d'improvisation.
Lorsque personne ne la remercie, Clara se met dans une colère noire et devient agressive tant dans son entourage professionnel que personnel. À la question : « Clara, à quoi cela vous sert que d'être dans ce mode de fonctionnement victime/sauveuse/agresseur ? », elle répond : « J'ai toujours fonctionné comme cela et je me suis installée dans cette manière de faire. Si j'avais un semblant de talent et si j'avais été à ma place dès le démarrage, cela ne se serait pas passé ainsi. »
La question en elle-même l'irrite profondément. Elle se met à pleurer, puis l'angoisse s'installe. Elle rejette les signaux positifs et les tentatives de soutien de son entourage. Elle commence à dénigrer ses compétences actuelles et n'envisage pas la possibilité de pouvoir faire autrement. Clara a une peur profonde de se tromper de voie et de ne pas être à la hauteur. Elle baigne en plein sentiment d'imposture.
Clara partage notre point de vue : « Oui, j'en ai conscience, mais ce n'est pas maintenant, à presque 40 ans, que je vais changer. »

Les jeux psychologiques et leur impact

Pour les chercheuses américaines reconnues en analyse transactionnelle Trudi Newton et Rosemary Napper[1], vos propres sentiments mal exprimés et aussi ceux que

1. Trudi Newton et Rosemary Napper, *Tactics: Transactional Analysis Concepts for all Trainers, Teachers and Tutors*, TA Resources 2000.

vous imaginez des autres personnes impliquées à votre égard vous poussent à vous inscrire dans ces jeux de rôles psychologiques inconscients.

Identifiez votre rôle préféré, que vous concevez comme des refuges… pourtant très inconfortables ! Trudi Newton et Rosemary Napper insistent en effet sur les nombreux bénéfices que vous en tirez :

- *vous sortez de l'ennui et de la routine quotidiens :* ces jeux permettent de vous stimuler, voire d'apporter du piment dans votre vie et dans celle des autres ;
- *vous sortez du bois :* que vous soyez reconnu comme victime, sauveur, ou agresseur, ce n'est pas grave pourvu que vous ne soyez pas ignoré ;
- *vous vous donnez raison pour ne pas assumer vos responsabilités :* cela permet de renforcer et de vous conforter dans votre sentiment d'imposture et dans votre vie, les choix que vous avez faits ou ceux que vous n'avez pas faits d'une manière plus générale ;
- *vous vous protégez de toute possibilité de résilience :* en jouant ces rôles, vous répétez un schéma que vous avez créé pour vous protéger de quelque chose, d'une situation, d'un rapport à l'autre. Vous n'avez donc pas besoin de faire face à la douleur, puisque vous avez un mécanisme de protection habituel paré à toute épreuve et que cela vous va bien ;
- *vous donnez une consistance à votre existence :* vos compagnes et compagnons vous écoutent tous les soirs,

de même votre entourage professionnel et personnel, sinon de quoi pourriez-vous bien parler ?

- *vous donnez de la matière pour combler votre temps :* vous ressassez jour et nuit des rôles. Que se passerait-il si tout à coup vous occupiez votre temps à autre chose ?

Aussi « confortable » que soit ce triangle, les trois analystes transactionnistes Newton, Napper et Karpman s'accordent à dire que ces jeux de rôles inconscients que vous mettez en place pour être heureux dans la vie créent inéluctablement le conflit avec votre entourage, de manière récurrente, voire fatigante pour vous et les autres. Dans ce cadre-là, votre sentiment d'imposture se nourrit et s'amplifie.

Comme ses amis, le compagnon de Clara a tenté d'ailleurs à plusieurs reprises de l'alerter sur le sujet sans qu'elle l'intègre véritablement. Aujourd'hui, son compagnon et ses amis ont tendance à fuir les discussions.

« Père Noël, raconte-nous une histoire »

Les lutins insistent, et le Père Noël finit par céder. Ils veulent une histoire, ils l'auront ! Il ouvre le livre des contes fantastiques. « Je vais vous raconter l'histoire du loup, de l'agneau et du berger. Il était une fois un doux petit agneau qui avait beaucoup de mal à avancer dans sa vie et se plaignait souvent. Le berger s'était bien rendu compte que l'agneau avait l'œil mélancolique : il mettait tout en œuvre pour que l'agneau grandisse dans de meilleures conditions. De l'herbe douce par-ci, des graines par-là, de l'air frais, des copains agneaux et des moutons plus âgés en soutien.

Un jour, un loup venu de loin longea le pâturage. Il repéra le chouchou du berger et l'accusa d'avoir souillé l'eau du ruisseau dans lequel il prétendait vouloir boire. Tous crocs dehors, le loup menaça l'agneau de le croquer ! Mais le bon berger veillait sur son agneau et fit fuir l'agresseur. L'agneau retourna auprès de ses pairs comme si de rien n'était et le berger se mit en colère : « N'importe quoi cet agneau, je fais tout pour lui, je me lève à 4 heures du matin pour m'assurer que tout va bien, il ne me lèche même pas la main pour me remercier. »

Le Père Noël fait une pause et observe ses lutins. « Et vous, que pensez-vous de cette histoire ? » Les réponses fusent :

- « Tout le monde est la fois victime, agresseur et sauveur, l'essentiel est de s'en rendre compte et de tenter de faire autrement » ;
- « Un loup, c'est gentil ! Il suffit d'appuyer sur le bon bouton » ;
- « Tout le monde gagnerait à cesser de jouer la comédie » ;
- « Une victime en fait, c'est un créateur caché qui n'ose pas se faire entendre » ;
- « Un sauveur, c'est un entraîneur sportif caché » ;
- « Un agresseur, c'est un challenger proactif caché qui pousse l'action ».

Impressionné, le Père Noël répond : « Waouh ! Vous n'êtes pas des lutins pour rien. »

Et vous, que vous croyiez encore ou non au Père Noël, quelle conclusion tirez-vous de cette histoire ? Vous avez tout à gagner à sortir du triangle de Stephen Karpman. Vous n'êtes ni un agneau-victime, ni un loup-agresseur, ni un berger-sauveur, vous pouvez aussi décider d'être vous.

Oser la magie : le parcours du héros sans sentiment d'imposture

Votre grand saut au cœur de votre sentiment d'imposture est un voyage initiatique : vous êtes en train de vivre une expérience fantastique teintée de multiples vertus liées à la connaissance de votre être profond et à la connaissance des autres. Dans ce voyage initiatique, vous suivez différentes étapes. Créateur du concept du monomythe, le mythologue et écrivain américain Joseph Campbell résume dans *Le Héros aux mille et un visages*[1] les scénarios des voyages initiatiques, littéraires, cinématographiques ou autres à douze étapes :

1. Le héros est dans son monde ordinaire : vous et votre sentiment d'imposture ;
2. Le héros et l'appel à l'aventure : l'invitation de ce cinquième chapitre ;
3. Le héros a peur de l'inconnu : vos doutes et questionnements actuels ;

1. Joseph Campbell, *Le Héros aux mille et un visages* [1949], Oxus, 2010.

4. Le héros est encouragé par un mentor : ce livre ;
5. Le héros passe le seuil et entre dans un monde extraordinaire : ce que vous allez explorer juste après dans ce chapitre ;
6. Le héros subit des épreuves : la lecture de ce livre ;
7. Le héros atteint l'endroit où l'objet de sa quête est caché : l'objectif que vous allez vous fixer dans la seconde partie ;
8. Le héros subit l'épreuve suprême : tournez encore quelques pages ;
9. Le héros s'empare de l'objet de sa quête : bientôt ;
10. Le héros est sur le chemin du retour au monde ordinaire : réalisez d'abord les étapes précédentes ;
11. Le héros revient du monde extraordinaire transformé par l'expérience : oui, c'est promis à la fin de ce livre ;
12. Le héros, son retour dans le monde ordinaire et l'utilisation de sa quête pour améliorer le monde : vous commencerez l'expérience avant de refermer ce livre.

Ce qui est important à ce stade de votre lecture, c'est la cinquième étape : celle où vous entrez dans un monde extraordinaire ! Imaginez un instant que votre vie soit dénuée de votre sentiment d'imposture :

- À quoi cela vous servirait-il de ne plus avoir le sentiment d'être dans l'imposture ?

- Qu'est-ce que cela changerait pour vous ?
- Comment vous sentiriez-vous ?
- Qu'est-ce que cela changerait pour votre entourage ?

Lorsque ces quatre questions sont posées à Clara, celle-ci prend d'abord un instant de réflexion, de grandes respirations et ose enfin répondre :

- *« J'aurais plus confiance en moi et les autres, une autre vie, meilleure. »*
- *« Je serais libre et je pourrais enfin mener la vie dont je rêve. »*
- *« Je me sentirais tellement plus sereine. »*
- *« Mon compagnon et mes amis seront fiers de moi et voudront rester à mes côtés. »*

Quels magnifiques aveux Clara s'est-elle autorisée ! En osant verbaliser ses désirs et ses rêves, elle sort de sa zone de son confort et du schéma infernal de son sentiment d'imposture dans lequel elle se réfugie depuis ses 6 ans, et sa découverte édifiante au sujet du Père Noël.

Oser la magie pour se détacher de son sentiment d'imposture, c'est vous poser la question des bénéfices que vous allez pouvoir en tirer ; c'est savoir ce que vous avez à y gagner.

Sans réponse à cette question, vous ne changerez ni votre manière de faire avec vous-même et les autres ni votre manière d'être, de vous accepter et d'accepter les autres.

Si Clara n'avait pas osé explorer cette partie-là d'elle-même, elle n'aurait pas pu enclencher le processus de changement. Oser rêver sans sentiment d'imposture, visualiser la magie qui s'opère et les bénéfices induits, c'est donner du sens à votre vie et à vos actions. Le sens, c'est bel et bien le principal élixir de votre développement personnel !

Explorez à votre tour les bénéfices d'une vie sans sentiment d'imposture.

Étape 1

Sur une feuille de format paysage, dessinez des étoiles de différentes tailles. Remplissez chacune de ces étoiles par un bénéfice majeur que vous allez retirer en réduisant votre sentiment d'imposture et en renforçant votre confiance en vous et les autres.

Étape 2

Tirez les conclusions de cet exercice en reprenant vos réponses précédentes.

À quoi cela va-t-il vous servir, de ne plus éprouver le sentiment d'imposture ?

....

....

....

Qu'est-ce que cela changerait pour vous ?

....

....

....

Comment vous sentiriez-vous ?

....

....

....

Qu'est-ce que cela changerait pour votre entourage ?

....

....

....

Clara, en réalisant l'exercice ci-dessus, liste tous les bénéfices dont elle pourrait jouir si elle travaillait à réduire son sentiment d'imposture, renforcer sa confiance en soi et celle des autres. Elle prend conscience de tous ses rêves enfouis jusqu'à présent et qui la stimulent autrement qu'avec son triangle infernal, né de son sentiment d'imposture. Elle retrouve le sourire et en déduit les conclusions suivantes :

- *elle peut apporter du piment dans sa vie et celles des autres autrement ;*

- *elle peut être reconnue pour ses talents de soutien et d'aide, et même pour ses qualités de chanteuse pleine d'humour ;*
- *elle peut faire des choix sans se laisser guider en pilote automatique par son compagnon, ses amis ou sa famille ;*
- *elle a les outils pour écouter, décrypter ses émotions et se protéger des autres ;*
- *elle peut parler de rêves et intérêts profonds lors des dîners entre collègues et amis ;*
- *elle peut faire autre chose de son temps libre que de bavasser sur les conflits du quotidien.*

Prendre un peu de hauteur avec la vision systémique

Le sociologue et économiste italien Vilfredo Pareto a introduit la notion de théorie systémique dans ses ouvrages[1]. Selon lui, un sujet est caractérisé par ses échanges avec son environnement. Vous faites partie d'un tout, d'un système. Chacune des actions que vous entreprenez pour vous aura forcément un impact pour vous, mais pas seulement : vos actions bénéficieront à d'autres que vous dans votre entourage et les systèmes professionnels, associatifs, sociétaux auxquels vous appartenez.

Dans chacune de vos actions, il est donc important de prendre en compte votre environnement. Si vous avez imaginé les bénéfices d'une vie sans sentiment d'imposture, imaginez maintenant que ces bénéfices profitent

1. Vilfredo Pareto, *Traité de sociologie générale*, Librairie Droz, 1968 ; « Vilfredo Pareto, Le traité de sociologie générale, présentation et interprétation », *Revue Nouvelle École*, n° 36, juillet 1981.

à d'autres autour de vous qui vous en remercient déjà vivement, mais aussi d'autres personnes que ces autres personnes, et ce à l'infini.

Décider de vivre sans sentiment d'imposture, c'est offrir un magnifique cadeau à vous-même, mais aussi aux autres. Représentez maintenant sous la forme d'un sapin de Noël tous les bénéfices qu'apporterait à votre entourage et au monde le fait que vous viviez pleinement votre vie sans sentiment d'imposture.

Étape 1

Dessinez un sapin sur une feuille avec, à sa cime, une étoile puis des boules de Noël réparties ainsi, en partant du haut : au premier étage, 1 boule ; au deuxième, 2 ; au troisième, 3 ; et au quatrième, 4 boules. À chaque étage, posez-vous toujours la question : à qui d'autre encore que moi ma vie sans sentiment d'imposture profiterait-elle ?

Clara dessine son sapin de Noël. Dans l'étoile, elle part d'abord de son principal bénéfice et à chaque étage, elle y remplit une des boules par un prénom, un nom, un système dont elle fait partie et à qui son rêve va également profiter.
Au premier étage (en partant du haut) elle inscrit :
- *« Plus de confiance en moi ».*

Au deuxième :
- *« Mon compagnon aura plus confiance en moi » ;*

- *« Mon couple sera plus fort ».*

Au troisième :

- *« Ma famille » ;*
- *« Mes amis » ;*
- *« Mon travail ».*

Au quatrième :

- *« Mon réseau associatif » ;*
- *« Mes futures rencontres » ;*
- *« Mon quartier » ;*
- *« Mes clients à travers le monde ».*

Étape 2

Comment vous sentez-vous maintenant ? Quels sont vos premiers désirs par rapport à votre sentiment d'imposture ?

....

....

....

Clara finalisant cet exercice prend conscience que son sentiment d'imposture lui sert à se protéger et à se cacher derrière ses désirs, ses rêves. En imaginant sa vie sans son sentiment d'imposture, elle avoue d'abord avoir eu terriblement peur. Faire différemment demain était impensable. Pourtant, elle sait maintenant qu'elle aurait tout à y gagner. Clara en ressort avec un brin de confiance supplémentaire en elle.

Tout ne s'est pas fait en un jour, mais le sapin est collé sur son frigo. Au bout de quelques mois, elle a parcouru un beau chemin : elle a osé se lancer dans une reconversion loin de son agence de tourisme. Elle accompagne désormais les réfugiés politiques à Lyon et s'occupe des traductions auprès des différents publics.

Une excursion hors zone de confort !

Vous pouvez oser la magie et rêver d'une vie sans sentiment d'imposture, mais pour que ce soit efficace, vous devez aussi vous mettre en mouvement. Oser sortir de votre sentiment d'imposture, c'est oser sortir de votre zone de confort !

Intégrez une zone d'apprentissage où le champ des possibles s'ouvre à vous. Dans cette zone, vous n'avez plus tout à fait vos repères. Cette zone faite d'inconnu peut être parfois vécue ou perçue comme une zone de tempête, voire de panique. Or, le passage dans cette zone est primordial si vous souhaitez acquérir une nouvelle manière de faire ou d'être. Elle a pour objectif d'ouvrir vos horizons. Elle vous permettra de découvrir de nouveaux comportements, de nouvelles compétences, d'agir différemment.

Si vous souhaitez sortir de votre sentiment d'imposture, il faudra donc changer vos habitudes. Dans cette zone d'apprentissage, vous allez développer de nouvelles visions, changer de regard sur vous et sur les autres : vous allez vous développer !

Cette sortie de votre zone de confort est la clé d'une vie meilleure, plus épanouie, plus heureuse. Vous développerez de nouvelles capacités, vous vous fixerez de nouveaux défis, vous vivrez de nouvelles expériences : c'est là où la magie se produira.

Et là où vous oserez la magie, vous vous autoriserez à tout moment à revenir dans votre zone de confort, avec un petit quelque chose en plus : là, un savoir-faire ou un savoir-être supplémentaire, ici un peu plus d'estime de vous.

Félicitations ! Vous avez imaginé être passé avec brio à une vie sans sentiment d'imposture. Vous avez en effet saisi tout l'intérêt d'expulser ce sentiment dans votre quotidien : une bulle d'oxygène, une vie plus gratifiante pour vous et les autres. Vous avez présumé de votre réussite.

À vos crayons ! Prenez une feuille blanche et dessinez votre nouvelle vie sans sentiment d'imposture.

Cette vie dans un futur proche, c'est votre nouvelle légende : vous vous mettez en action pour tendre vers ce désir. En la dessinant, vous faites un pas vers la réussite et vous visualisez déjà peut-être le chemin à emprunter. Mettez-vous dans les bonnes dispositions pour opérer le changement d'habitudes nécessaire.

Le sentiment d'imposture, vous le connaissez. Vous en maîtrisez les ressorts, savez le débusquer dans vos phrases et vos attitudes, et avez déjà réalisé quelques exercices pour apprendre à le maîtriser.

Offrez-vous une cure d'amincissement drastique et raisonnée de votre sentiment d'imposture et croyez pleinement en vous.

En vous offrant cette « cure », que vous offrez-vous ?

....

....

....

Qu'est-ce que cela vous permettra ?

....

....

....

Pourquoi ces derniers éléments sont-ils importants pour vous ?

....

....

....

Quelles retombées positives en attendez-vous ?

....

....

....

Dessiner maintenant un gros cadeau puis inscrivez tous ces éléments dans l'étiquette et sur le ruban, Et tournez la page de votre cadeau.

6. J'évalue mon IMI (indice de masse d'imposture)

Êtes-vous prêt à déloger les kilos de sentiment d'imposture qui vous pèsent ?

Nous ne vous proposons pas un régime miracle, ni une intervention au scalpel, mais une identification des mécanismes de votre hygiène de vie qui vous poussent à entretenir et à développer votre sentiment d'imposture au lieu de l'affiner.

Phase 1 : diagnostiquez votre sentiment d'imposture et évaluez son indice de masse

Toute cure efficace commence par un check-up honnête et précis de la situation.

Diagnostic subjectif : comment évaluez-vous votre sentiment d'imposture et dans quelle mesure vous pèse-t-il ?

Cette première phase est essentielle, car elle vous permettra d'identifier précisément les domaines de votre vie pour lesquels votre sentiment d'imposture vous semble particulièrement pesant. Ce diagnostic porte sur votre ressenti.

Diagnostic objectif : grâce à l'échelle de Clance *(cf. p. 129)*, bénéficiez d'une évaluation objective de votre sentiment d'imposture. Cela vous permettra de relativiser, et de pouvoir mettre en œuvre un plan d'action plus efficace, car vous appuyant sur des critères plus objectifs.

Évaluez à présent votre sentiment d'imposture ressenti.

Comment évaluez-vous votre sentiment d'imposture ? Ou, en d'autres termes, êtes-vous, selon vous, à la hauteur des attendus ?

Étape 1 : évaluez votre performance

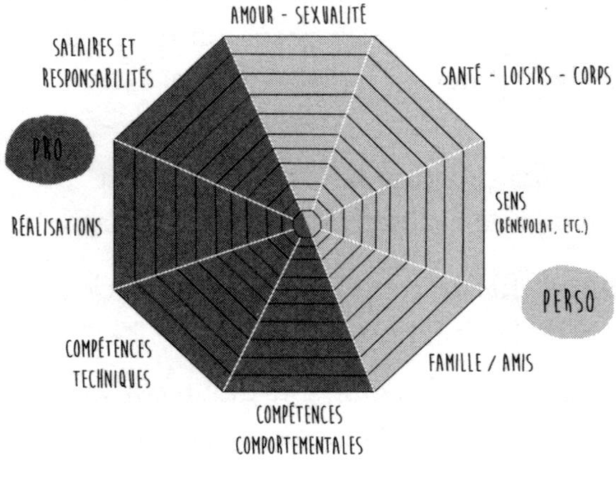

▪ Dans la sphère professionnelle

Appuyez-vous sur ce *que vous estimez* être les attendus de l'entreprise, de vos collègues, de votre hiérarchie, de vos clients, etc.

Inscrivez sur le schéma ci-contre dans quelle mesure, *selon vous*, sur une échelle de 0 à 10, vous êtes *à la hauteur* par rapport à ce qu'impliquent :

- votre salaire et/ou vos responsabilités ?
- vos réalisations professionnelles (qualité, pertinence, efficacité, etc., de vos projets ou de la gestion de vos dossiers) ?
- vos compétences techniques et connaissances liées à votre domaine d'activité ?
- vos compétences comportementales (« soft skills » : relationnel, créativité, communication, empathie, intelligence émotionnelle, gestion du temps, gestion du stress, audace, esprit d'entreprendre…) ?

▪ Dans la sphère personnelle

Appuyez-vous sur ce que vous estimez être les attendus de vos proches, partenaires, connaissances, etc. Inscrivez sur ce même schéma dans quelle mesure, *selon vous*, sur une échelle de 0 à 10, vous êtes *à la hauteur* :

- en amour et sexualité ;
- sur le plan de la santé, de votre corps et de vos loisirs ;

- du sens que vous pourriez donner à votre vie ?
- dans la sphère familiale et amicale ?

Tracez une première courbe avec les résultats obtenus.

Étape 2 : évaluez la façon dont les autres perçoivent votre performance

Sur le même schéma, tracez une seconde courbe qui rend compte, pour chacun de ces mêmes domaines, sur une échelle de 0 à 10, dans quelle mesure, selon vous, *les autres* considèrent que vous êtes *à la hauteur*.

Étape 3 : comparez les résultats et calculez la masse de votre sentiment d'imposture

Reportez les résultats dans le tableau et intégrez vos commentaires. Pensez à des situations précises au cours desquelles vous éprouvez ce sentiment d'imposture et appuyez-vous sur les pensées qui surgissent dans votre tête lorsque vous craignez que les autres se rendent compte de votre inadéquation aux attentes.

Suis-je à la hauteur ?	**Tel que je me vois**	**Tel qu'à mon avis, les autres me voient**	**Écart***
Salaire et responsabilités			
Réalisations			

J'évalue mon IMI (indice de masse d'imposture)

Compétences techniques			
Compétences comportementales			
Amour et sexualité			
Santé – loisir – corps			
Sens			
Famille et amis			
Autre domaine 1			
Autre domaine 2			
Total des différences			

* Écart (colonne 3) pris en compte uniquement « si les autres semblent m'évaluer mieux que je ne le fais ». Si la valeur de colonne 1 est supérieure ou égale à celle de colonne 2 : calculer l'écart et inscrire le résultat dans la troisième colonne. Si la valeur de colonne 2 est inférieure à celle de colonne 1 : inscrire « NS ».

Choisissez deux domaines significatifs pour lesquels votre sentiment d'imposture est majeur et complétez les lignes « Autre domaine 1 » et « Autre domaine 2 » du tableau.

Étudiant dans une école de multimédia, Clément travaille en alternance dans une start-up qui œuvre dans le domaine médical. L'ambiance est bonne, quoiqu'un peu survoltée, et certains de ses collègues l'impressionnent. Il ne croise ses camarades étudiants qu'une fois par mois, et est en permanence sur le qui-vive, inquiet de ne pas être à la hauteur. Ce tableau, il le remplit comme suit, en nous faisant part de ses commentaires.

Suis-je à la hauteur ?	**Tel que je me vois**
Salaire et responsabilités	5 – J'ai un salaire d'alternant – c'est-à-dire pas délirant –, mais en même temps, je ne suis pas très rentable. Je perds énormément de temps à chercher ce que je ne connais pas.
Réalisations	2 – C'est là le plus gros problème. Mes développements se feraient défoncer par mes profs tellement c'est de l'amateurisme. La plupart du temps, j'en ai honte !
Compétences techniques	2 – Là aussi, énorme stress ! Il me manque des pans entiers. Je suis obligé de travailler très tard le soir chez moi pour sembler être à la hauteur.
Compétences comportementales	3 – Alors, la plupart du temps, je préfère m'écraser plutôt que d'aller défendre ma position. Esprit paillasson…
Amour et sexualité	3 – Franchement, je ne suis pas l'amant ni le séducteur idéal que j'aimerais être.
Santé – loisir – corps	7 – Ça ne va pas mal, merci !
Sens	9 – Là, je suis au top ! La start-up est sur un créneau qui fait sens.
Famille et amis	8 – Pas mal, pour moi ; je suis toujours au courant de tout, et là quand c'est nécessaire.
Autre domaine 1 : **Créativité**	2 – J'adorerais être créatif, mais à chaque fois, je me déçois moi-même.
Autre domaine 2 : **Employabilité**	3 – Je n'ai pas optimisé.
Total des différences	

Tel qu'à mon avis, les autres me voient	Écart
8 – Ils ont l'air de considérer qu'ils ont fait une bonne affaire en m'intégrant dans l'équipe.	3
10 – Ils n'y connaissent rien et ne se rendent pas compte des failles énormes de ce que je leur livre. Sans parler des erreurs majeures que j'ai dû corriger discrètement ! J'ai peur qu'il en reste et qu'ils s'en aperçoivent…	8
9 – Pareil, ils y croient à fond, et souvent, ils me complimentent.	7
7 – Ils trouvent que je suis très apaisant, très diplomate… sans se rendre compte que je prends sur moi et ne dis jamais ce que je pense. J'en arrive même à somatiser !	4
8 – Je ne sais pas d'où me vient cette réputation de beau gosse sympa.	5
8 – Ils croient toujours que je suis plus musclé et endurant qu'en vrai.	1
5 – Ce n'est pas une question que les autres ont l'air de se poser.	NS
0 – Mes parents se plaignent de ne pas me voir assez, mes copains voudraient tout le temps sortir.	NS
10 – Ils sont tous convaincus que je suis la réincarnation de Michel-Ange.	8
9 – Mon patron me l'a encore dit, d'après lui, je suis un winner !	6
	42

Pour « Autre domaine 1 » et « Autre domaine 2 », Clément, lui, a choisi d'inscrire « Créativité » et « Employabilité » comme domaines complémentaires pour lesquels son impression de ne pas être à la hauteur est importante. Il estime qu'il est essentiel pour lui de travailler sur ces deux domaines, pour pouvoir : d'une part, créer les conditions d'amélioration de sa créativité et son employabilité ; d'autre part, mettre en place un plan d'amaigrissement drastique du sentiment d'imposture dans ces deux domaines essentiels de sa vie, pour pouvoir restaurer sa confiance en lui et assurer son avenir.

Étape 4 : analyse de premier niveau

Comme pour la météo, où la température ressentie joue un rôle prépondérant sur notre façon de nous vêtir par rapport à la température exacte, la façon dont vous percevez votre sentiment d'imposture, et donc son impact sur votre confiance en vous, est essentielle ! Relisez ce que vous avez inscrit lors des trois étapes précédentes, et analysez la situation :

Qu'est-ce que cela vous inspire ?

…………………………………………………………………………

…………………………………………………………………………

…………………………………………………………………………

Votre sentiment d'imposture s'applique-t-il à tous les domaines de façon uniforme ?

....

....

....

Est-il plus marqué dans certaines situations ? Pourquoi ? Quels facteurs d'après vous favorisent l'expansion de votre sentiment d'imposture ?

....

....

....

Est-il très faible, voire inexistant, dans certains domaines ? Pourquoi ? Quels facteurs vous permettent de développer une confiance en vous solide ?

....

....

....

Comment pourriez-vous appliquer ces techniques dans d'autres domaines ?

....

....

....

Et maintenant, reprenez votre radar. Dessinez les liens qui relient les différents domaines.

Imaginez à présent que vous puissiez alléger votre sentiment d'imposture dans ce domaine-là, quel domaine choisiriez-vous ?

....

....

....

Quel impact positif sur les autres domaines pourrait-il avoir ?

....

....

....

Sur quel domaine choisissez-vous de ne pas agir maintenant ?

....

....

....

Étape 5 : calculez l'IMI de votre sentiment d'imposture grâce à l'échelle de Clance

Conçu par Pauline Rose Clance et mis à disposition sur son site internet, cet outil permet de mesurer votre sentiment d'imposture[1]. Il a été développé pour permettre aux personnes de déterminer si elles souffrent du sentiment d'imposture, et de mesurer à quel point elles en souffrent.

Évaluez maintenant votre sentiment d'imposture d'après l'échelle de Clance.

Pour chacune des questions entourez la réponse qui vous correspond le mieux.

- J'ai souvent réussi à un test ou à accomplir une tâche alors que j'avais peur de ne pas y arriver avant de commencer.

1 – Pas du tout vrai 2 – Rarement 3 – Parfois
4 – Souvent 5 – Très vrai

- Je peux donner l'impression d'être plus compétent(e) que je ne le suis vraiment.

1 – Pas du tout vrai 2 – Rarement 3 – Parfois
4 – Souvent 5 – Très vrai

- J'évite les évaluations quand c'est possible et je suis terrifié(e) que les autres m'évaluent.

1 – Pas du tout vrai 2 – Rarement 3 – Parfois
4 – Souvent 5 – Très vrai

1. Tiré de Pauline Rose Clance, *The Impostor Phenomenon: When Success Makes You Feel Like A Fake*, Toronto, Bantam Books, Copyright, 1986. Traduction française par Ars Maëlle du document disponible en ligne sur le site de l'auteur http://paulineroseclance.com/pdf/IPTestandscoring.pdf

- Quand des gens me félicitent pour quelque chose que j'ai accompli, j'ai peur de ne pas être capable d'être à la hauteur de leurs attentes dans le futur.

1 – Pas du tout vrai 2 – Rarement 3 – Parfois
4 – Souvent 5 – Très vrai

- Je pense parfois que j'ai obtenu ma position actuelle ou mon succès actuel parce que j'étais au bon endroit au bon moment ou parce que je connais les bonnes personnes.

1 – Pas du tout vrai 2 – Rarement 3 – Parfois
4 – Souvent 5 – Très vrai

- J'ai peur que les gens qui comptent pour moi découvrent que je ne suis pas aussi capable qu'ils le pensent.

1 – Pas du tout vrai 2 – Rarement 3 – Parfois
4 – Souvent 5 – Très vrai

- J'ai tendance à mieux me souvenir des fois où je n'ai pas fait de mon mieux que des fois où j'ai fait de mon mieux.

1 – Pas du tout vrai 2 – Rarement 3 – Parfois
4 – Souvent 5 – Très vrai

- Je réussis rarement à réaliser un projet ou une tâche aussi bien que je le souhaiterais.

1 – Pas du tout vrai 2 – Rarement 3 – Parfois
4 – Souvent 5 – Très vrai

- Parfois, j'ai l'impression ou la certitude que mes succès personnels ou professionnels sont le résultat d'une sorte d'erreur.

1 – Pas du tout vrai 2 – Rarement 3 – Parfois
4 – Souvent 5 – Très vrai

- C'est difficile pour moi d'accepter les compliments ou éloges sur mon intelligence ou mes accomplissements.

1 – Pas du tout vrai 2 – Rarement 3 – Parfois
4 – Souvent 5 – Très vrai

- Parfois, je pense que mon succès est dû à une sorte de chance.

1 – Pas du tout vrai 2 – Rarement 3 – Parfois
4 – Souvent 5 – Très vrai

- Je suis parfois déçu(e) de mes accomplissements actuels et je pense que j'aurais dû accomplir beaucoup plus.

1 – Pas du tout vrai 2 – Rarement 3 – Parfois
4 – Souvent 5 – Très vrai

- Parfois, j'ai peur que les autres découvrent à quel point certains savoirs ou compétences me font défaut.

1 – Pas du tout vrai 2 – Rarement 3 – Parfois
4 – Souvent 5 – Très vrai

- J'ai souvent peur d'échouer face à une nouvelle demande alors qu'en général je réussis bien ce que j'entreprends.

1 – Pas du tout vrai 2 – Rarement 3 – Parfois
4 – Souvent 5 – Très vrai

- Quand j'ai réussi quelque chose et reçu de la reconnaissance pour cet accomplissement, je doute d'être capable de répéter ce succès.

1 – Pas du tout vrai 2 – Rarement 3 – Parfois
4 – Souvent 5 – Très vrai

- Si je reçois beaucoup d'éloges et de reconnaissance pour quelque chose que j'ai accompli, j'ai tendance à minimiser l'importance de ce que j'ai fait.

1 – Pas du tout vrai 2 – Rarement 3 – Parfois
4 – Souvent 5 – Très vrai

- Je compare souvent mes capacités à celles de mon entourage et je pense qu'ils pourraient être plus intelligents que moi.

1 – Pas du tout vrai 2 – Rarement 3 – Parfois
4 – Souvent 5 – Très vrai

- Je m'inquiète souvent de ne pas réussir un projet ou un examen alors que mon entourage a confiance dans l'idée que je vais y arriver.

1 – Pas du tout vrai 2 – Rarement 3 – Parfois
4 – Souvent 5 – Très vrai

- Si je suis sur le point de recevoir une promotion ou une forme de reconnaissance, j'hésite à le dire aux autres avant que ce soit un fait accompli.

1 – Pas du tout vrai 2 – Rarement 3 – Parfois
4 – Souvent 5 – Très vrai

• Je me sens mal et découragé(e), si je ne suis pas « le/la meilleur(e) » ou au moins « très spécial(e) » dans les situations qui impliquent la réussite.

1 – Pas du tout vrai 2 – Rarement 3 – Parfois
4 – Souvent 5 – Très vrai

Résultats

	1 – Pas du tout vrai	**2 – Rarement**	**3 – Parfois**	**4 – Souvent**	**5 Très vrai**	**Total**
Nombre d'occurrences						
Multiplier par	0,5	1	1,5	2	2,5	
Résultat						

Si votre résultat :

• est inférieur ou égal à 20 : votre sentiment d'imposture est entre mince et normal ;

• est compris entre 20,5 et 30 : votre sentiment d'imposture est en surpoids ;

• est compris entre 30,5 et 40 : votre sentiment d'imposture est obèse ;

- est supérieur ou égal à 40,5 : votre sentiment d'imposture présente une obésité sévère.

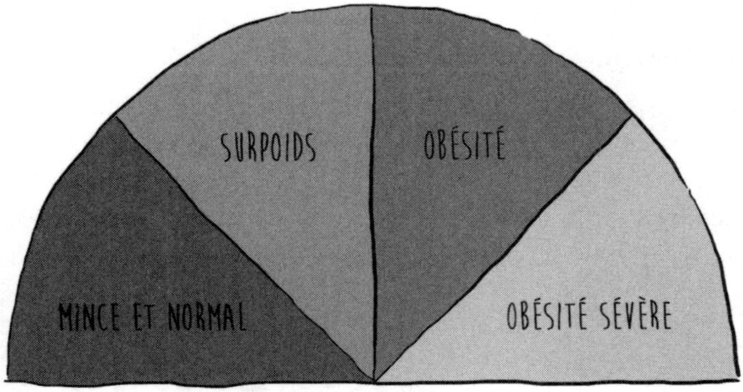

Celui de Clément, notre jeune designer multimédia, est en obésité sévère. Il décide donc de se concentrer sur les compétences techniques, la créativité et l'employabilité.

Et vous, où placez-vous le curseur ?

Comparez à votre première évaluation subjective. Qu'est-ce que cela vous inspire ?

....

....

....

Phase 2 : définissez votre objectif de changement

Étape 6 : et si vous vous écoutiez, regardiez et parliez avec bienveillance pour une fois ?

Pour utiliser la « carte d'empathie », p. 136, vis-à-vis de vous-même, vous devez vous regarder, écouter et observer avec beaucoup de respect, de compréhension et d'amour. Placez votre bien-être et votre confiance en vous au cœur du dispositif.

Votre objectif en réalisant cet exercice ? Vous comprendre totalement, comme vous le feriez pour une autre personne que vous pourriez accompagner avec bienveillance et authenticité vers la meilleure version d'elle-même.

Complétez tranquillement chaque case dans le graphique ci-dessous, en vous accordant :

- le droit à l'erreur et à l'oubli ;
- le droit d'avoir des faiblesses ;
- le droit à votre amour ;
- le temps de la réflexion ;
- le droit de vous y prendre à plusieurs fois ;
- le droit de ne pas aller jusqu'au bout ;
- une belle écoute de vos ressentis et de vos émotions…

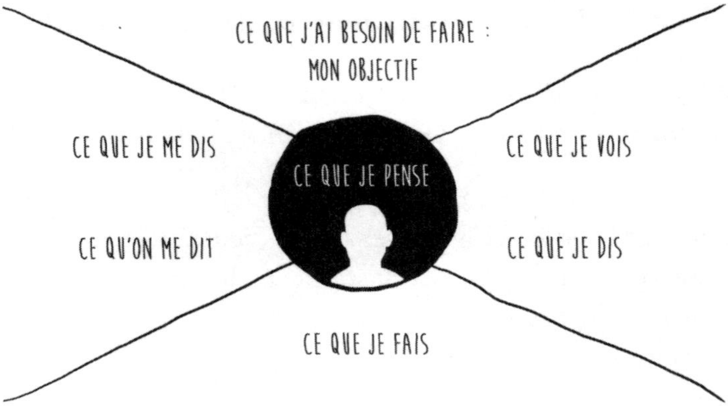

Qu'est-ce que cela vous inspire ?

....

....

....

D'où ce sentiment d'imposture vous vient-il ?

....

....

....

Où vous mène-t-il ?

....

....

....

Étape 7 : modélisez votre plus mauvaise gestion du sentiment d'imposture

Vous souvenez-vous des mécanismes du sentiment d'imposture décrits de façon plus théorique dans les premiers chapitres de ce livre.

Sont en cause :

- les injonctions contraignantes reçues au cours de votre vie. D'abord celles de l'enfance *(chapitre 2 et 3)* sous forme de « drivers », puis celles transmises tout au long du système éducatif ;
- le mécanisme interne qui, chez vous, peut vous pousser au burn out (si vous en faites trop) ou au bore out (si vous procrastinez au point de vous saborder) *(chapitre 4)* ;
- les jeux de rôle inconscients et le triangle dramatique qui vous fait basculer de la posture de l'agresseur à celle de la victime ou du sauveur… et inversement *(chapitre 5)*.

■ Identifiez les failles de votre sentiment d'imposture… et transformez-les en force !

Robert Dilts est écrivain, formateur, chercheur et le développeur américain de la PNL (Programmation neuro-linguistique) de rayonnement international. Connu notamment pour ses travaux sur les systèmes de croyance, la PNL systémique, le rôle des croyances dans les conflits, il a notamment développé, à partir des niveaux d'apprentissage de l'anthropologue Gregory Bateson, ce modèle des niveaux logiques qui constitue un des outils de référence en coaching.

La pyramide de Robert Dilts est un outil simple et efficace pour identifier les failles et les leviers lorsque vous vous trouvez dans une situation complexe. Son principe ? Considérer que toute situation complexe est un système composé de six niveaux logiques successifs organisés de façon hiérarchique, que nous pouvons progressivement explorer pour mettre en ordre nos représentations, afin de les aligner.

Montez les niveaux logiques pour identifier les failles de votre sentiment d'imposture. Choisissez une situation au cours de laquelle vous avez éprouvé un fort sentiment d'imposture. En utilisant la pyramide de Dilts et en montant les niveaux progressivement, répondez aux questions et identifiez les éléments :

- dans votre environnement ;
- dans vos comportements ;
- dans vos capacités ;
- dans vos croyances/valeurs ;
- dans votre image de vous ;
- et dans votre représentation de l'impact que vous souhaitez avoir sur le monde…

qui contribuent à déclencher puis à renforcer votre sentiment d'imposture.

Clément, par exemple, note :

- *Ma situation : présentation du nouveau site, expérience client UX design.*
- *Mon environnement : ils sont tous là (patron, collaborateurs de la start-up). On est dans la salle de réunion. Pour une fois, c'est très formel. Je dois présenter, montrer, avant de les laisser vivre eux-mêmes une expérience client. Ils sont fascinés alors que je suis mort de trouille*

et tellement conscient de la nullité de ce qu'ils appellent mon « œuvre ».

- *Mes comportements : je présente, et j'ai l'impression de me retrouver sur scène lors d'un spectacle d'école primaire. Mon sourire est figé, ma voix trop aiguë, j'aligne des « du coup », des « en gros », etc.*
- *Mes capacités : je maîtrise quelques langages, mais ma démarche UX est assez faible et il faut encore que je me forme. Je fais toujours des erreurs de débutant, et je n'avance pas assez vite sur mes formations.*
- *Mes croyances/valeurs : je dois être à la hauteur de l'expert qu'ils voient tous en moi et j'en suis loin.*
- *L'image de moi : je suis un imposteur.*
- *L'mpact : j'espère éviter le cataclysme…*

Toute incohérence entre les différents niveaux logiques doit être identifiée au bon niveau, et implique une modification au niveau supérieur pour permettre une retombée des bénéfices au niveau inférieur.

Prenez une seconde situation, et identifiez les similitudes.

Comment pourriez-vous décrire le déclenchement de votre sentiment d'imposture à chaque niveau ?

Et comment pourriez-vous y remédier ?

Analysez plus précisément le niveau logique correspondant aux croyances et aux valeurs. Votre sentiment d'imposture repose sur des croyances. Vous devez donc cibler vos efforts à ce niveau-là et au niveau supérieur (celui de l'identité) !

Inutile, par exemple, de multiplier, comme le fait Clément, les formations pour développer ses compétences, tant qu'il n'a pas travaillé sur son système de croyance : « Je ne suis pas à la hauteur des attentes de mes parents, de mes amis, de mes partenaires, de mes employeurs, car ils s'attendent tous à ce que je règle tous leurs problèmes et que je sois la réincarnation de Michel-Ange. »
Clément doit se concentrer sur sa représentation personnelle de la réussite. Lorsqu'il aura redéfini une vision de son identité (différente de celle de Michel-Ange et de MacGyver), il pourra creuser cette vision de la réussite et modifier ses croyances limitantes.

Il en va de même pour vous.

Et vous, quelles précisions apportez-vous sur votre identité ?

....

....

....

Quels sont les impacts sur vos croyances ?

....

....

....

Étape 7 : définissez votre objectif

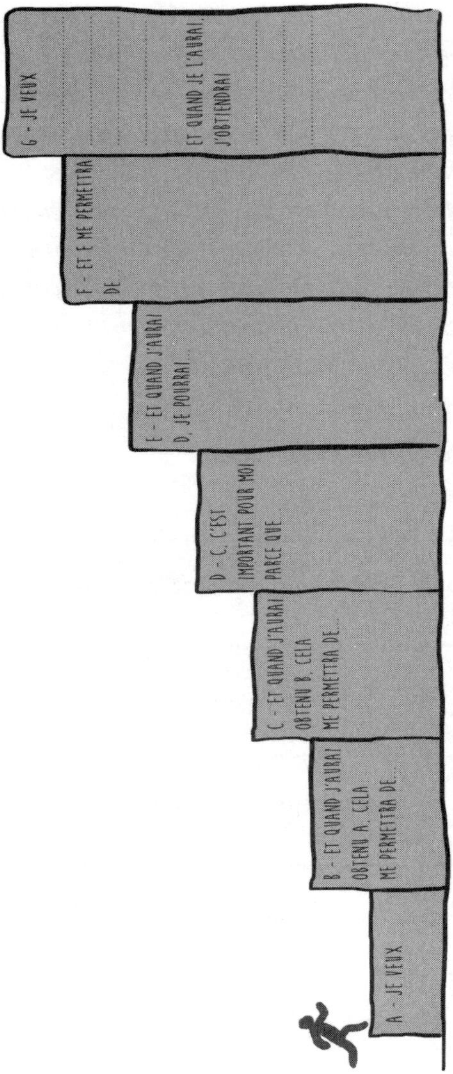

Finalement, que voulez-vous ?

Montez les cheminées une à une, le plus haut possible, du point A au point G, afin de renforcer votre motivation… et sur la dernière cheminée, formulez avec plaisir et conviction votre objectif le plus stimulant en lien avec votre confiance en vous ! Glissez votre cadeau dans la cheminée, et recevez celui-ci.

Visualisez votre réussite !

Étape 8 : visualisez-vous plein de confiance au sommet de cette cheminée culminante

Imaginez maintenant que vous avez réussi à atteindre votre objectif sans sentiment d'imposture. Vous êtes où ? Remplissez ce tableau en donnant un maximum de détails, afin de vous permettre de vivre mentalement la scène que vous souhaitez voir se réaliser.

Décrivez l'environnement de la scène : couleurs, sons, atmosphère	
Décrivez vos actions et comportements dans cette scène	

Quels sont les atouts qui vous permettent d'avoir confiance ?	
Pourquoi est-ce important pour vous de réaliser ce que vous faites ?	
Si vous deviez vous décrire en tant que personne confiante, que diriez-vous de vous ?	
Lorsque vous êtes confiant quel est votre impact sur votre entourage et sur le monde ?	

Maintenant, fermez les yeux, respirez tranquillement, et revivez ces descriptions. Bénéficiez pleinement de cette vision de votre confiance et de votre réussite. Écoutez ces voix positives. Ressentez-en les effets sur votre corps et sur votre esprit.

En remplissant ce tableau, vous avez visualisé votre réussite… et utilisé deux puissants outils associés l'un à l'autre pour renforcer votre motivation : les niveaux logiques (ou pyramide de Dilts) et la visualisation positive.

■ Les niveaux logiques, ou pyramide de Dilts

Déjà utilisée en étape 6 de ce chapitre, elle vous permet, cette fois, non pas d'identifier l'origine des dysfonctionnements, mais bien de renforcer votre motivation, surtout si elle est alliée à la visualisation positive.

■ La visualisation positive

Utilisée dans de nombreux domaines, tels que la médecine, le sport, le développement personnel et le travail, la visualisation positive, associée, comme outil par les coachs formés, à la visualisation ericksonnienne, s'appuie sur un réflexe cognitif puissant que nous utilisons inconsciemment depuis l'enfance. Théorisé et mis en pratique par Marilyn Atkinson[1], et couplé aux outils de PNL, il renforce les effets de ces derniers en faisant émerger les désirs profonds et les émotions en complément des réflexions logiques que nous développons en stages.

Vous avez clairement identifié ce que vous voulez et avez même visualisé cette réussite afin d'en renforcer la motivation ? Vous pouvez donc foncer ! Vous voilà prêt à enclencher le changement.

1. Marilyn Atkinson, docteure en psychologie industrielle et élève de Milton Erickson, développe des programmes de coaching courts orientés solution à destination des dirigeants et des managers en mêlant outils de PNL et visualisation ericksonnienne.

7. J'adopte le programme « détox sentiment d'imposture »

Le pire cauchemar

L'espèce humaine est, depuis quelques millions d'années, calibrée pour assurer sa survie et faire face à toute menace. La communauté des chercheurs en neurosciences cognitives, psychologie et psychiatrie a démontré aujourd'hui que l'environnement a un impact fort sur l'estime de soi et le niveau de sentiment d'imposture induit. Si vous baignez ou avez baigné dans une culture axée sur les défauts, les problèmes, les états à corriger plutôt que dans une culture où sont valorisés vos talents dès tout petit, votre sentiment d'imposture n'aura pas la même teinte.

Prenez par exemple le système éducatif français. Héritier du paternalisme d'après Première Guerre mondiale, il a, pendant plusieurs années, insisté sur les défauts et les manques des élèves pour valoriser les talents des autres avec notamment le système des bons points. Dans ce système-là, un directeur d'école a plutôt tendance à convoquer les parents d'élève et l'élève lui-même lorsqu'il a cumulé plusieurs bulles à ses devoirs. C'est une fois dans le rouge que l'élève, d'abord sanctionné, va être accompagné pour corriger ses défauts et obtenir des résultats. Mais dans ce cas, l'accumulation des zéros et des punitions aura déjà entamé l'estime de soi et favorisé le développement du sentiment d'imposture.

À l'inverse, si vous allez voir ce qu'il se passe par exemple chez nos voisins européens, finlandais, danois ou hollandais, un directeur d'école convoque en général un élève et ses parents lorsqu'il obtient la meilleure note. Le directeur d'école récolte les bonnes pratiques mises en œuvre et les relaie ensuite à l'ensemble des équipes pédagogiques pour inspirer les autres élèves à grandir ensemble et se tirer vers le haut. Dans le reportage en Finlande du réalisateur de documentaire Michael Moore[1], les élèves ayant connu ce type de système ont : une tendance plus naturelle à voir le verre à moitié rempli, plus confiance en eux et leurs camarades et plus conscience de leurs talents et pas seulement de leurs défauts. En milieu professionnel, cela donne des salariés plus enclins à travailler dans la bonne dynamique et une population active d'une manière générale ayant moins le sentiment d'imposture.

---

1. Michael Moore, *Where to Invade Next*, 2015.

Tristan est fonctionnaire catégorie B. Il travaille au RSI. Fils de travailleur agricole, il a suivi les conseils de son père qui voulait qu'il soit fonctionnaire pour assurer la sécurité de sa famille sur le plan financier. Son épouse, d'origine portugaise, est infirmière en secteur hospitalier. Lorsque nous le rencontrons, Tristan traverse une période de grande fatigue qui correspond à un bore out (cf. chapitre 4). *Positionné sur un poste de catégorie A depuis deux ans, il ne se sent pas légitime sur celui-ci et s'est inscrit dans une spirale de désengagement qui le pousse à refuser les dossiers supplémentaires de peur de ne pas parvenir à les traiter faute de maîtrise technique. Son encadrement lui a proposé des formations, qu'il a acceptées, mais qu'il n'a jamais réussi à suivre au vu de ses arrêts maladie répétitifs. Il doit être, d'ici quelques mois, nommé « chargé de mission », une façon poétique pour décrire le placard.*

Tristan dit avoir toujours été complexé sur sa capacité à pouvoir subvenir à ses besoins et à ceux de sa famille. Il a intégré les craintes de ses parents vis-à-vis de l'autonomie. Malgré un bac+5 en économie gestion, il n'a jamais passé de concours catégorie A, de crainte de ne pas réussir, et s'est concentré sur ceux d'un niveau inférieur à ce à quoi il aurait pu prétendre, de peur de ne pas être à la hauteur ou que ses origines sociales soient critiquées.

Tristan révèle qu'il n'a jamais aimé l'économie et la gestion, a toujours détesté la fac où il se trouvait en décalage par rapport à ses camarades et qu'il n'éprouve aucun plaisir dans son travail depuis le début de sa carrière, mais s'était senti légitime dans son poste et

apprécié par ses collègues tant qu'il était catégorie B. Il passait alors ses soirées, lorsque son épouse était de garde, à réparer bénévolement des moteurs et des voitures dans un garage collaboratif monté par une association de réinsertion.
Tout a basculé lorsqu'à la demande de son encadrement, Tristan, lors d'un bilan de compétences destiné à le faire évoluer, fut détecté haut potentiel. Tristan finit par nous parler du test de QI qu'il a passé, en remettant en cause les résultats qui ne reflètent pas, à son avis, le niveau réel de son intelligence. Peu convaincu par le psychologue spécialisé qui a mené l'entretien, il rejette en bloc les résultats comme la méthodologie, soulignant que sinon, avec des résultats pareils, il aurait fait Polytechnique !

L'histoire de Tristan résonne-t-elle avec une partie de la vôtre ou celle de votre entourage ? C'est l'une des illustrations des complexes et des témoignages d'inconfort liés au sentiment d'imposture.

Tristan, comme tant d'autres, a évolué dans une culture familiale profondément douée pour voir le verre à moitié vide là où d'autres foyers éduquent les enfants dès leur plus jeune âge à le voir à moitié rempli.

L'impact de cette culture de la critique et de la déresponsabilisation dû à l'absence d'accompagnement des personnes dans leur développement personnel favorise des comportements propres à accentuer les sentiments d'imposture.

Lorsque nous intervenons auprès de collectifs, nous demandons souvent aux participants de se prêter à un exercice de retours positifs sur une prestation réalisée par eux-mêmes ou par un tiers.

Or, la personne qui a réalisé la mise en situation commence systématiquement à faire des retours négatifs sur sa prestation, alors même que nous demandons ce qui a fonctionné. Le public émet lui aussi systématiquement des critiques négatives, rarement factuelles et souvent subjectives, qui impliquent un jugement sur la personne plutôt qu'une évaluation objective et constructive de sa prestation. Il en découlerait, si nous ne tenions le cadre et ne réorientions pas les interventions, un découragement, un recul de l'estime de soi et quelques kilos de plus au sentiment d'imposture aussi bien de la personne engagée dans l'activité que du public. Et lorsque, enfin, le cadre « On fait des retours positifs et factuels » est compris par les participants, la personne qui le reçoit a d'abord comme réaction un rejet du compliment. Il faut une phase d'adaptation et d'éducation au compliment, afin que celui-ci parvienne à être entendu puis accepté, ce qui permet d'alléger le sentiment d'imposture.

L'héritage culturel peut pousser à envisager les pires scénarios, ce qui favorise le développement du sentiment d'imposture. Vous arrive-t-il parfois d'imaginer votre vie future à travers le prisme de votre pire cauchemar ? Si oui, il est important de l'identifier, de comprendre ce à quoi il fait écho et surtout de vous poser la question :

« De quel poids puis-je me délester aujourd'hui pour alléger mon sentiment d'imposture ? »

La métaphore du verre

À moitié vide, votre sentiment d'imposture est plutôt élevé : vous vous focalisez sur les difficultés, les problèmes, les mauvaises nouvelles, les reproches que l'on vous fait, les Cassandre et tout ce qui peut contribuer au malheur humain sur cette planète ! Avec votre pire cauchemar, vous nourrissez pleinement votre sentiment d'imposture, lui donnant même parfois une légitimité démesurée : la vie en gris, c'est votre lot. Vous l'avez reçue à la naissance et vous la conservez précieusement !

À moitié plein, votre sentiment d'imposture s'allège : vous vous focalisez sur les réussites, les bonnes nouvelles, les petites victoires, les choses belles et tout ce qui peut contribuer à un meilleur monde. Avec ce brin d'optimisme, vous détoxifiez votre cerveau et votre corps de vos pensées négatives. Vous transformez votre sentiment d'imposture en un moteur positif, et réalisez la première étape de « programme détox imposture ».

Du côté du Père Noël ?

Tonnerre, l'un des huit rennes du traîneau, réveille au milieu de la nuit le Père Noël. Il a fait un affreux cauchemar : il a échoué à l'examen des superlutins. Depuis tout petit, il veut travailler dans la fabrique du Père Noël, concevoir les jouets dans l'atelier et aussi emballer les cadeaux. Sa condition de renne mêlée à la tradition familiale paternaliste a étouffé sa créativité et il ne s'est jamais franchement autorisé à passer l'examen des superlutins. Jamais dans toute l'histoire des superlutins d'ailleurs on n'a vu un renne vouloir accéder à ce supertitre ! Un renne, dans ses grands jours, c'est fait pour tirer le traîneau avec tous les cadeaux dans la neige et dans le ciel, pas pour être dans l'atelier.

Tonnerre, qui a beaucoup travaillé, est en plein sentiment d'imposture. Il craint d'être uniquement bon pour le reclassement dans un parc zoologique, au mieux, retraite anticipée dans les forêts québécoises avec les caribous, ce qu'il trouve très injuste. Il attend du vieil homme d'être rassuré et de pouvoir se plaindre sur l'injustice sociale entre rennes et lutins.

Le Père Noël pose devant le renne une écuelle de lichen à moitié pleine que Tonnerre repousse, la considérant comme à moitié vide. L'homme à barbe blanche veut voir ce renne ambitieux réussir et considère qu'il a toutes les ressources en lui pour passer le concours, à l'exception d'un ingrédient essentiel : la capacité à se libérer des pensées négatives transmises depuis l'enfance, afin de développer une posture de vie constructive.

Il lui demande : « Qu'attends-tu de toi ? » Tonnerre, agacé, ne voit pas le rapport. Il passe de la tristesse à la colère, puis au déni, avant, devant l'insistance de son interlocuteur, de prendre peur et d'entrer dans un jeu de négociation.

Il se pose désormais un tas de questions et est dans un brouillard total.

Pourtant, le Père Noël est un sacré coach : il a enclenché le changement dans la posture d'imposture de son renne préféré.

Tristan, en pleine plainte, se trouve confronté à la question de ses coachs : « Que voulez-vous ? » S'ensuit un silence qui dure une bonne minute. Interrogé plus tard sur cet épisode, il confirme qu'il a pris conscience à ce moment-là de sa posture de plainte, qui le place en victime de sa vie, dont les circonstances, les parents, les collègues, et toutes les personnes croisées seraient les bourreaux (cf. chapitre 5 sur le triangle dramatique). *Il s'est aussi rendu compte de son absence de désir formulé, et donc de projet réalisable en mesure de l'extraire de sa situation : « J'ai compris que ça n'allait pas tomber du ciel. » Tout repose sur les actions qu'il va pouvoir entreprendre, au service d'un désir qu'il doit d'abord identifier. C'est plus facile de se plaindre que de changer ses habitudes.*

- Fichue résistance au changement !

La psychiatre et psychologue suisse Elisabeth Kübler-Ross a formalisé dans ses travaux le processus du changement[1] et en a déduit le modèle de la courbe en U. D'après ceux-ci, le changement ne peut se faire que *via* quatre phases obligatoires, plus ou moins rapides en fonction de l'individu :

1. Elisabeth Kübler-Ross, *On Death and Dying*, Simon & Schuster, 1997.

- phase 1 : résistance et rejet du changement ;
- phase 2 : remise en question et doutes face au changement ;
- phase 3 : acceptation de la fin d'une situation et exploration du changement ;
- phase 4 : mise en mouvement et engagement vers le changement.

Plus précisément, vous n'êtes pas tous égaux face au changement. En effet, à l'annonce du changement, soit vous le rejetez immédiatement (phase 1), soit, percevant les bénéfices, vous relevez immédiatement le nouveau défi (phase 3).

La phase 1 correspond à une phase dite « descendante » dans laquelle vous êtes tourné vers le passé et le refus de faire autrement. C'est la phase du pire cauchemar où vous prenez conscience (ou pas) que votre sentiment d'imposture n'est plus acceptable pour votre bonheur. Vous devez donc faire le deuil de ce sentiment d'imposture, du manque de confiance et d'estime, pour enclencher le changement vers une vie meilleure pour vous et les autres. Dans cette phase, vous êtes en résistance au changement : vous refusez de faire autrement, de changer votre savoir-être, votre confiance et votre estime. Peut-être êtes-vous dans le déni, peut-être ressentez-vous de la colère contre vous et les autres, de la nostalgie, de la tristesse, des craintes et peurs réelles face au changement ? Peut-être négociez-vous entre vous-même et votre sentiment d'imposture ? « Un pas en avant vers plus de confiance en moi, mais en contrepartie je m'offre : un jour de repos supplémentaire, ou une tablette de chocolat, ou autre carotte pour faire passer la pilule du changement. » On n'est pas loin de Bridget Jones et de son pot de glace parce qu'elle le mérite bien !

Prenons par exemple Tristan et son sentiment d'imposture. Il sait qu'il est dans une impasse. Son sentiment d'imposture est encore renforcé par son attitude au sein de son foyer. Malheureux au travail, désengagé auprès de l'association qu'il soutenait, il est tout aussi inerte chez lui. Les relations avec sa femme commencent à être tendues et celle-ci, infirmière, tente de l'envoyer consulter.
Plus tard, lorsqu'il aura réussi à identifier son projet et à le mettre en œuvre, Tristan nommera cette phase descendante de résistance au changement comme la « pire période que j'ai vécue avec mon p… de sentiment d'imposture ».

Cet exemple vous montre en effet que c'est la phase d'expression de votre sentiment d'imposture. Il vous donne une jauge sur votre résistance ou non au changement que vous souhaitez opérer pour mieux le vivre. Vous devez formaliser et écouter vos résistances avant de passer à la phase d'acceptation de votre sentiment d'imposture et du changement à opérer pour votre quotidien. Vous vous mettrez alors en action pour relever le défi d'un programme détox spécial sentiment d'imposture.

Dans ce processus, le volontariat est fondamental : tout repose sur vous, et vous seul pouvez décider si vous voulez changer ou non. Quelle que soit votre décision, ce sera OK !

Si vous estimez que c'est plus risqué pour vous de rester avec votre sentiment d'imposture en l'état, identifiez d'abord vos résistances au changement, évaluez les bénéfices induits par un changement dans un futur proche et enclenchez ensuite votre programme détox.

Vous aussi, sortez de l'enfer du sentiment d'imposture. Explorez votre courbe du changement.

Étape 1 : j'identifie mes potentielles résistances au changement

Prenez une feuille et reproduisez le tableau ci-dessous. Remplissez la colonne de gauche.

Ce que me fait faire de pire mon sentiment d'imposture dans mon quotidien	Parmi les éléments, sous mon contrôle, qu'est-ce que je souhaite d'autre de plus positif à la place ?

Par exemple, Tristan écrit :

- *« Je ne rêve plus » ;*
- *« Je suis colérique » ;*
- *« J'en veux à mes proches » ;*
- *« Je suis triste de ne pas être totalement épanoui » ;*
- *« Je négocie la gestion des enfants avec mon épouse et cela ne me plaît pas » ;*
- *« Je craque et je pleure » ;*
- *« J'ai le sentiment de stagner » ;*
- *« Je suis très exigeant avec les autres » ;*
- *« Je contrôle tout » ;*
- *« Je suis très inquiet pour mes enfants et mon épouse ».*

Mon objectif détox : qu'est-ce que je veux aujourd'hui réaliser par rapport à mon sentiment d'imposture ?

Étape 2 : j'identifie le pire du pire et je transforme les pépins en pépites

Remplissez la colonne de droite en choisissant uniquement les items sur lesquels vous pouvez avoir un impact et qui dépendent de vous et en vous posant la question, qu'est-ce que je veux d'autre à la place de positif ?

Par exemple, Tristan écrit :

- *« Je veux réaliser mon rêve » ;*
- *« Je veux retrouver ma joie de vivre » ;*
- *« Je veux être plus tolérant et accepter les remarques de mes proches » ;*

- *« Je veux être plus épanoui » ;*
- *« Je veux équilibrer vie maritale et professionnelle » ;*
- *« Je veux me former à autre chose » ;*
- *« Je veux faire plus confiance aux autres » ;*
- *« Je veux lâcher prise » ;*
- *« Je veux être confiant dans mes capacités, mes choix et mon avenir ».*

Étape 3 : le défi SMARTIES de mon changement

À ce stade, vous allez choisir parmi tous les items de la colonne de droite ce par quoi vous avez envie de commencer. Vous allez alors vous fixer un objectif ou un défi détox en répondant à la question : « Qu'est-ce que je veux pour mon sentiment d'imposture aujourd'hui ? » Assurez-vous que votre objectif respecte les critères suivants :

- **S**pécifique
- **M**esurable
- **A**ccepté
- **R**éalisable
- **T**emporel
- **I**nnovant
- **E**ngageant
- **S**uivi

Respectez scrupuleusement ces huit critères, c'est important pour la suite de votre programme détox !

Tristan choisit d'écrire :
« Demander et obtenir un financement pour une reconversion par le biais de mon CPF [compte personnel de formation] pour devenir garagiste et réinventer mon travail afin qu'il serve à la réinsertion d'ici trois ans. »
Son objectif est bel et bien SMARTIES :

- *il est spécifique et ciblé ;*
- *il est mesurable par le financement obtenu ;*
- *il est accepté par Tristan et non imposé ;*
- *il est réalisable en effectuant les différentes étapes (constitution du dossier, etc.) ;*
- *il est cadré dans le temps, d'ici trois ans ;*
- *il est innovant, Tristan ne l'a jamais fait ;*
- *il est engageant, Tristan est motivé pour le faire ;*
- *il est suivi, Tristan met son épouse dans le coup pour s'assurer de son soutien.*

Le programme détox du sentiment d'imposture

Phase 1, vous avez repéré, accueilli et écouté vos résistances au changement.

Puis vous êtes passé en phase 2 de votre processus du changement : la remise en question.

Puis en phase 3 : l'acceptation d'une fin proche de votre situation et de votre sentiment d'imposture en vous autorisant à vous fixer un objectif SMARTIES, bon pour votre détox IMI !

Maintenant, place à la phase 4 et à la mise en mouvement ! Adoptez le parcours sportif en quatre temps : rebond, soutien, nouveau défi et nouvelles aptitudes.

Se délester des boulets du sentiment d'imposture

Avec ce que vous venez d'explorer, il est temps pour vous de vous alléger en mode détox et de focaliser sur l'essentiel. Fini les kilos superflus de votre sentiment d'imposture. C'est bientôt la nouvelle année dans le cerveau, vous vous préparez à vous immerger fièrement dans le sauna norvégien à chaque étape franchie. Vous avez dans ce chapitre défini votre objectif clair et stimulant pour vous débarrasser ou vous délester de votre sentiment d'imposture.

Bataille de boules de neige ! Sur une feuille de papier, dessinez-vous en train de vous préparer à effectuer une bataille de boules de neige. Inscrivez sur chacune des boules la réponse à la question : « De quoi je me débarrasse dans ce sentiment d'imposture ? »

Sur son dessin, Tristan écrit :

- *« Manque de confiance en moi » ;*
- *« Ascenseur émotionnel » ;*
- *« Routine quotidienne » ;*
- *« Autosabotages » ;*
- *« Ennui profond » ;*

- « *Paresse* » ;
- « *Morosité* » ;
- « *Peur en l'avenir* ».

Quelques ingrédients supplémentaires de réussite

Lorsque vous ressentez des émotions perturbatrices – du type colère, nostalgie, peur –, écoutez et décodez les messages cachés[1]. C'est votre cerveau qui exprime son besoin d'être rassuré : il déteste le changement, et vous en fait voir de toutes les couleurs ! Vous avez toujours le choix. Soit vous retournez dans votre zone de confort, soit vous mettez tout en œuvre pour accepter le changement et changer un peu votre vie.

La colère exprime non pas que votre interlocuteur est stupide ou malveillant, mais que vos valeurs sont remises en cause ! Que pouvez-vous faire pour vous rassurer ?

La tristesse révèle non pas que votre vie est triste, mais que votre cerveau a accepté la fin de la situation et qu'il est prêt à passer à autre chose. Lorsque vous avez envie de pleurer, vous êtes prêt à faire autrement ou à intégrer la nouvelle situation. Laissez les larmes couler, et lorsqu'elles seront passées, vous enclencherez le changement.

La peur ne signifie pas que vous êtes en plein scénario catastrophe : seuls 3 % de nos peurs sont réalistes, et sur ces 3 %,

1. Vous pouvez regarder la vidéo « Et tout le monde s'en fout #3 : Les émotions », d'Axel Lattuada et Fabrice de Boni. https://www.youtube.com/watch?v=_DakEvdZWLk

une part infime peut se réaliser. Votre cerveau vous interpelle, afin de s'assurer que tout est sous contrôle et que vous êtes suffisamment vigilant pour opérer votre changement !

Le déni n'implique pas un rejet de l'information (c'est un fait, et vous le savez), mais constitue une protection à ce changement qui s'impose.

La négociation est un dialogue interne entre la part de vous qui veut avancer et celle qui veut conserver son mode de fonctionnement initial. Votre cerveau recherche un compromis pour mieux accepter la situation.

Plus vous écouterez les émotions perturbatrices générées par votre sentiment d'imposture et plus vous serez équipé pour passer à la suite.

Bravo ! Dans ce chapitre, vous avez passé avec brio la phase de résistance au changement et vous vous êtes délesté des boulets liés à votre sentiment d'imposture. Vous vous êtes également fixé un défi SMARTIES, la petite dose de chocolat-développement personnel réconfortante pour être paré et passer au programme suivant ?

Mettez-vous en mouvement pour renforcer votre estime.

Symbolisez sur cette matrice votre avancée vis-à-vis de votre changement et assurez-vous d'être bien du côté droit avant de passer au chapitre suivant.

Si tu as cru au Père Noël pendant 6 ans…

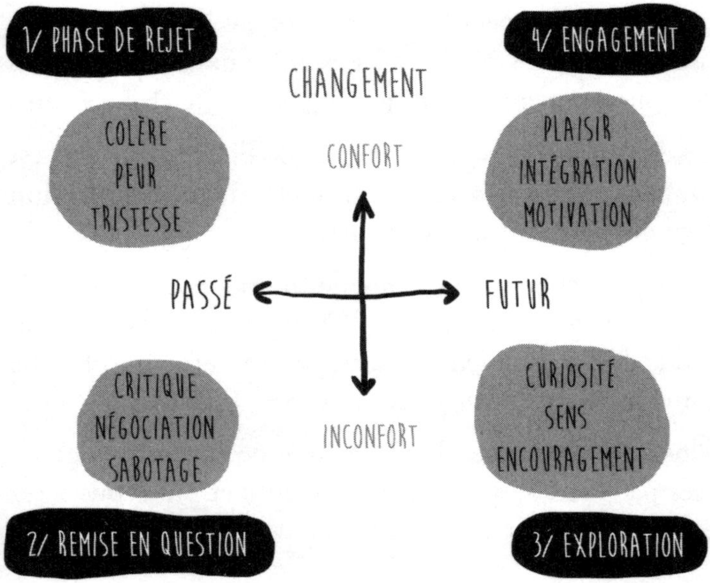

8. Je renforce l'estime de moi

Maintenant que vous avez enclenché le changement, si vous suiviez un vrai programme de renforcement de l'estime de soi dans la durée ?

Comme dans le cadre d'un programme d'entraînement sportif, après la période d'attaque, il faut se concentrer sur l'endurance et le renforcement musculaire. Cette phase est essentielle pour que vos efforts portent leurs fruits durablement… et pour que vous ne retombiez pas dans les travers classiques de ceux qui ont trop écouté d'injonctions contraignantes quand ils étaient petits, et qui ont continué à les nourrir lorsqu'ils étaient plus grands !

Pour changer de mode de fonctionnement, comment allez-vous procéder ?

Bien sûr, vous pourriez suivre les conseils des uns et des autres et tenter d'appliquer des recettes miracles. Mais ces recettes toutes faites sont rarement ajustées à vos besoins, vos envies et vos modes de fonctionnement si personnels.

Pour trouver une solution durable, vous devez l'inventer et creuser les options les plus folles pour aboutir à l'idée la plus pertinente et fertile… qui vous convient au renforcement de votre estime de vous ! Celle-ci ne peut qu'être unique, une vraie solution taillée sur mesure.

Phase 1 : la solution est en vous !

Étape 1 : et si vous changiez de point de vue ? Les six lutins de Bono à votre service

Médecin, psychologue et spécialiste en sciences cognitives maltais, Edward de Bono est principalement connu pour son concept de pensée latérale et pour la méthode des six chapeaux. Opposée à la notion de pensée verticale – ou classique –, la pensée latérale favorise l'innovation en considérant toute idée, même en apparence illogique, comme pouvant potentiellement permettre de découvrir une solution innovante. La méthode des six chapeaux est adaptée ici aux lutins.

L'outil peut être utilisé lorsque vous avez besoin d'aborder un projet – ou un problème – selon plusieurs angles complémentaires. Cela vous évitera de sauter sur une idée tellement rationnelle qu'elle en est aussi évidente que dépourvue d'attraits ! Conçue par le psychologue Edward Bono dans les années 1980, cette méthode, qui permet de séquencer la pensée et d'éviter la censure spontanée, est utilisée principalement en résolution de problèmes et en créativité, comme une méthode facilitant le brainstorming.

Imaginez que six lutins de différentes couleurs peuvent vous prêter main-forte. Ils sont convaincus que seule l'intelligence collective peut permettre de faire émerger une solution. Cette solution vous apportera des avis très tranchés, car ils auront des caractères bien distincts.

Imaginez maintenant ces six lutins de la manière suivante :

Le Lutin	Représente	Répond à la question	Apporte
Blanc	Neutralité	Quels sont les faits ?	Objectif, il énonce les faits
Rouge	Émotions	Quelles émotions sont impliquées, que ressentez-vous ?	Intuitions, sensations, sentiments, visions, pressentiments…
Vert	Créativité	Quelles solutions possibles (même les plus folles) ?	Créativité foisonnante, idées folles et décalées
Noir	Pessimisme	Quels inconvénients, quels risques ?	Avocat du diable, il faut répondre à tous ses arguments
Jaune	Optimisme	Que peut-on rêver mettre en œuvre, et comment ?	Rêves, aspirations, espoirs au service d'un concret positif
Bleu	Organisation	Quelles solutions retenir et comment les mettre en œuvre ?	Anime et régule la réunion

Antoine a 30 ans et vient d'avoir un bébé. Cet opérateur de saisie dans une entreprise familiale n'a pas le bac, mais réalise son travail avec sérieux, et sans passion. Antoine est convaincu qu'il ne peut pas obtenir mieux, car il n'a aucun diplôme autre que le brevet des collèges. Son parcours scolaire est jalonné d'échecs, et il ne comprend pas l'acharnement de sa cheffe de service à vouloir le faire progresser et gagner en compétences. Les premières fois qu'elle lui a confié la mission de chargé des micro-programmes sur le logiciel qu'il manie depuis des années, Antoine a refusé violemment.
Il a élevé la voix sur cette femme qu'il respecte en refusant son aide à se construire l'évolution de carrière. Pourtant, il sait qu'il en a besoin pour assurer son avenir et celui de sa famille. Invité par sa responsable hiérarchique à chercher par lui-même les solutions, il accepte d'utiliser « Les lutins de Bono » que nous lui proposons.

Le Lutin	Représente	Antoine répond à la question
Blanc	Neutralité	**Quels sont les faits ?** Naissance de Léo, besoins financiers Besoins de progression Pas de diplôme Pas de compétence professionnelle valorisable
Rouge	Émotions	**Quelles émotions sont impliquées, que ressentez-vous ?** Forte attente de ma chérie qui me met la pression + mes parents et mes beaux-parents Je me sens nul et pas capable d'évoluer Je suis angoissé

		J'aimerais que ma chérie et mon fils soient fiers de moi Je voudrais que mon fils sache que j'ai des diplômes et qu'on peut reprendre ses études, se relever de ses échecs Je veux réussir
Vert	Créativité	**Quelles solutions possibles (même les plus folles) ?** Gagner au Loto Monter un trafic avec Grégoire Travailler dans la boîte de beau-papa Suivre des cours du soir Demander un congé de formation et trouver une formation pour passer le bac Me lancer dans une validation des acquis professionnels
Noir	Pessimisme	**Quels inconvénients, quels risques ?** Je suis au chaud dans cette entreprise, je connais tout le monde Si je me trompe, je me retrouverai au chômage, Alice me quittera, je serai seul Je pourrais perdre de l'argent
Jaune	Optimisme	**Que peut-on rêver mettre en œuvre, et comment ?** Le mieux serait de pouvoir bénéficier d'un accompagnement pour identifier la formation idéale qui correspondrait à mon profil et que cette dernière soit payée par l'entreprise
Bleu	Organisation	**Quelles solutions retenir et comment les mettre en œuvre ?** En parler avec ma cheffe. Voir si je peux faire un bilan de compétences et quels pourraient être ses conseils

---

Alors, quelles idées avez-vous fait surgir ?

Notez les idées et pistes de solution qui vous paraissent porteuses, et confrontez-les aux faits.

....

....

....

Que décidez-vous ?

....

....

....

Étape 2 : et si vous rencontriez des personnes inspirantes... sans sortir de votre tête ?

Vous avez des pistes, mais aimeriez disposer d'avis encore plus pertinents que ceux des lutins de six couleurs ? Pourquoi ne pas faire appel à des personnages inspirants, réels ou fictifs, vivants ou disparus, mais dont vous respecteriez le point de vue ?

Vous ne pouvez pas forcément les contacter, mais vous pouvez vous mettre à leur place et imaginer ce qu'ils auraient à vous dire.

Quels seraient ces trois personnages et quelle question leur poseriez-vous pour pouvoir développer votre estime de vous durablement ?

Inscrivez les réponses de chacun d'entre eux, qu'il s'agisse de votre grand-mère, de Gandhi, de Jules César ou de Maître Yoda.

....

....

....

Qu'est-ce que cela vous inspire ?

....

....

....

Phase 2 : changez de point de vue

Étape 3 : écoutez les conseils

Certains de ces conseils vous donnent-ils envie de répondre « Oui, mais… ? » pour rejeter finalement la proposition par des excuses variées qui vous poussent à rester dans la situation initiale ?

Repensez à tous les conseils qui ont pu vous être donnés, et que vous avez refusé de mettre en application au motif qu'ils n'étaient pas applicables, pas raisonnables, pas acceptables, pas parfaits, mais réalistes, etc. Quelles voix entendiez-vous alors ? Et quelle était votre position vis-à-vis de votre vie ? La réaction « Oui, mais… » correspond à un jeu très connu en analyse transactionnelle, qui consiste à se positionner dans une posture de victime refusant de voir évoluer sa situation. C'est la posture de l'enfant irresponsable de ce qui lui arrive – et donc victime du sort qui s'acharne sur lui.

Si vous avez décidé de faire taire les voix intérieures qui déclenchent votre sentiment d'imposture et de renforcer votre estime de vous, vous disposez de tous les moyens internes de prendre des décisions qui sont bonnes pour vous !

Lorsque vous demandez des conseils, suivez ces quelques règles simples pour cadrer le dispositif.

Décrivez précisément le contexte et répondez aux questions que vous posent vos interlocuteurs afin d'éclaircir les points qui leur semblent nécessaires. N'hésitez pas à répondre que cela ne concerne pas le problème si les questions vous semblent trop intrusives.

Exprimez très précisément le problème sous forme de question que vous souhaitez résoudre et sur lequel vous aimeriez que vos interlocuteurs vous apportent des solutions.

Prenez un bloc-notes et inscrivez toutes les suggestions que vos interlocuteurs vous livrent.

Dès épuisement de leurs idées, faites-leur part de vos réflexions et remerciez-les.

Vous disposez d'une vraie mine d'or qui vous permettra de faire évoluer votre regard et d'ajuster vos solutions, sans avoir jamais prononcé un seul « oui, mais… ».

Maintenant que vous avez changé de point de vue, que décidez-vous ?

....

....

....

Comment allez-vous procéder ?

....

....

....

Phase 3 : identifiez vos forces et vos ressources

Sous stress, les erreurs passées et les lacunes occultent les qualités sur lesquelles vous pouvez vous appuyer. Il est possible de vous faire accompagner pour réaliser un bilan de compétences complet, ou simplement de vous poser, et d'analyser sereinement vos forces et vos ressources.

Antoine décide de faire un bilan de compétences. Outre des compétences évidentes telles que le sérieux, la précision, la fiabilité, l'humour, la curiosité, la patience et l'engagement, ce bilan met en évidence le mode de raisonnement spécifique d'Antoine. Un test de QI complémentaire confirme sa précocité intellectuelle.
Il note tous ces éléments dans le tableau ci-dessous.

Étape 4 : vos forces et vos talents

Explorez à votre tour vos forces et vos talents, et remplissez le tableau ci-dessous en valorisant votre expérience.

Forces	**Illustration d'une de mes réussites grâce à cette force**	**Dans quelles situations puis-je l'utiliser ?**

Étape 5 : les forces et talents de votre entourage

Identifiez les forces et talents des personnes de votre entourage, et considérez-les comme des partenaires qui vous soutiendront dans votre vie sans sentiment d'imposture. Renseignez le tableau ci-dessous.

Prénom	**Forces**	**Illustration d'une de mes réussites grâce à sa force**	**Dans quelles situations puis-je m'en inspirer ou lui demander son aide ?**

Antoine, de son côté, complète lui aussi le tableau et inscrit les talents de ses proches.

Étape 6 : modélisez votre excellence authentique

En vous appuyant sur la pyramide de Robert Dilts, présentée au chapitre 6 *(page 138)*, gravissez les niveaux logiques un à un afin de renforcer votre estime de vous et de modéliser votre excellence.

Comment pouvez-vous contribuer à recréer les conditions de cette expérience, quand vous le voulez, où vous le voulez, avec les ressources, les talents dont vous disposez ? Comment pouvez-vous associer vos partenaires ?

Antoine choisit cette fois de décrire l'organisation logistique qu'il a mise en place pour le compte d'une association de sport dans laquelle il est engagé bénévolement. Fan de rugby, il a commencé dans cette association à encadrer les jeunes lorsque son neveu débutait sur le terrain, et a continué, même après que ce dernier a finalement – trahison suprême – décidé de faire du foot. Son analyse lui démontre :

- *qu'il est excellent lorsqu'il travaille avec des personnes en qui il a confiance de manière collaborative ;*
- *qu'il a besoin de disposer d'une reconnaissance sur ses compétences techniques (ici, ses compétences organisationnelles) ;*
- *qu'il doit se sentir utile aux autres ;*
- *qu'il ne doit faire aucune intervention en public.*

Il se révèle alors ultra efficace dans la mise en œuvre de solutions logiques et cohérentes entre elles.

Que décidez-vous ?

....

....

....

Il décide donc de suivre une formation en logistique, et de poursuivre sa carrière dans son entreprise, qui lui offre la possibilité d'évoluer en douceur dans un environnement qu'il maîtrise bien.

Étape 7 : adoptez le SWOT pour prendre vos décisions

Le SWOT est une matrice au service de votre stratégie. Initialement inventée comme outil au service de la stratégie de l'entreprise, elle permet d'associer l'étude de vos forces et de vos faiblesses avec les atouts et menaces qui peuvent se trouver dans votre environnement, afin de définir votre stratégie.

- Comment l'utiliser au service de votre estime de vous ?

La plupart du temps, les outils que vous avez utilisés au cours de ce livre vous permettront de faire face aux situations et de mettre en sommeil votre sentiment d'imposture. Mais dans certains cas, où les petites voix et injonctions contraignantes attaquent votre estime de vous, un plan stratégique peut être utile. Dans d'autres cas, une préparation s'impose.

Finalisez votre analyse objective de vos forces et de vos faiblesses. Complétez-la avec les opportunités et les menaces pouvant ébranler votre vie sans imposture.

Prenez quatre Post-it :

- en haut à gauche, dessinez-vous avec vos forces et listez-les ;
- en haut à droite, dessinez-vous avec vos faiblesses et listez-les ;
- en bas à gauche, dessinez les opportunités que vous offre la situation à laquelle vous allez vous confronter. Pour chacune d'entre elles, qu'allez-vous mettre en œuvre pour les muer en forces ?
- en bas à gauche, dessinez les menaces qui peuvent surgir du fait de cette situation. Pour chacune d'entre elles, listez trois solutions de dépassement ou de contournement que vous pourriez mettre en place pour atteindre votre objectif tout en conservant pleinement votre estime de vous.

Non seulement cet outil permet de préparer une stratégie, mais il sollicite l'agilité, la créativité et la vision, tout en renforçant en profondeur l'estime de soi : un vrai programme de fond !

Alors, êtes-vous prêt à relever tous les défis ?

9. Bien dans ma vie

Notre objectif ? La concrétisation d'un rêve !

Le résultat ne sera pas parfait, mais accessible. Adoptez un entraînement mental : vous constaterez que vous êtes capable de vous mettre un peu en danger sans tout risquer, et de progresser en douceur. Vérifiez au passage que vos besoins identifiés sont bien conformes à vos désirs.

Ce n'est pas qu'un « au revoir » au sentiment d'imposteur !

Blandine a 27 ans. Lorsque nous la rencontrons pour la première fois, elle vient tout juste d'intégrer l'entreprise de la région réputée dans la fabrication et la commercialisation d'huiles essentielles biologiques où travaillent sa maman et son frère depuis toujours. Blandine a eu un

parcours scolaire classique, un bac littéraire qui lui permis d'enchaîner sur une faculté d'histoire.
Elle nous confie qu'à 23 ans, elle a connu une « révolution intellectuelle et personnelle ». L'histoire, ce n'est pas sa tasse de thé. Elle pense que son avenir est bouché. Elle pourrait devenir professeure, mais elle a horreur de l'enseignement. En fait, son rêve serait de faire de l'infographie et de travailler dans un service de communication. Elle aimerait trouver un travail alliant équilibre professionnel et personnel et devenir maman sans s'« encombrer d'un papa ».
Elle enchaîne alors les petits boulots chez les imprimeurs. Embauchée comme assistante, elle fait des horaires interminables, sans parvenir à prendre en charge les missions de création ou de conception graphique qu'on lui avait fait miroiter. Ses collègues lui demandent constamment « comment elle en est arrivée là », sans l'aider pour autant à progresser. Elle leur répond systématiquement : « Job alimentaire », de peur de parler de sa passion pour Photoshop, InDesign et autres logiciels du domaine.
Lorsque l'entreprise où sa mère et son frère travaillent recherche une chargée de communication, elle postule sans grand espoir. Trois entretiens plus tard, Blandine signe son CDI. En guise de signal fort d'accompagnement et d'intégration, le directeur général ainsi que la direction des ressources humaines proposent à Blandine un stage individuel de prise de fonction. Blandine nous confie que ce job est « le poste de mes rêves les plus fous. J'adore le fonctionnement de cette structure qui est en innovation

participative. Ma mission est à forte valeur ajoutée, je partagerai ça avec ma mère et mon frère que j'adore ! » Mais « ce stage m'inquiète : c'est certainement pour combler mon absence de diplôme et réduire le risque à l'embauche. On ne se verrait pas si j'étais vraiment compétente ! » De plus, selon elle, « l'entreprise n'a pas trouvé d'autres candidats souhaitant venir s'installer dans la région isolée » et « le directeur général m'a reçue par politesse parce qu'il connaît ma mère et mon frère depuis des années ». « Même si j'adore l'infographie, je suis culottée de prétendre à ce poste. » « Mes parents ont des revenus modestes. Ils ont connu des métiers opérationnels difficiles au début de leurs carrières. Ils souhaitent m'éviter de vivre le même schéma. Ma mère a certainement dû harceler le directeur général pour qu'il m'embauche ! » Enfin, « je n'irai pas au bout de la période d'essai et ce stage va m'aider à mieux accepter la situation ».

Blandine, avec ses confidences, nous a, sans le formaliser, fait partager son sentiment d'imposture. Sur cette séance de cadrage, nous considérons que son indice de masse d'imposture IMI frôle l'obésité. Si elle avait continué dans ce sens, le poste de ses rêves aurait pu se transformer rapidement en poudre de perlimpinpin.

À l'inverse, en boostant sa condition mentale et en s'entraînant à progresser en douceur, elle a pu réunir toutes les conditions de réussite nécessaires pour une intégration en or, respectueuse de son projet personnel et des attentes de son employeur. Cela lui ouvre la porte à la réalisation d'une majorité de ses souhaits professionnels… et même

personnels, puisqu'elle trouve la légitimité et le courage de contacter le papa de ses futurs enfants.
Nous proposons alors à Blandine d'identifier le principal levier qui lui permettra, non plus de se savonner la piste avec son sentiment d'imposture, mais, afin de vivre son rêve professionnel, de s'accepter avec ses ressources, de capitaliser sur ses acquis et de repérer le chemin pour consolider ses compétences.
Nous lui proposons d'utiliser comme levier le renforcement de sa confiance en elle et de sa condition mentale. Il lui faudra vérifier que son nouveau poste est bien conforme à ses désirs pour assurer à court, moyen et long terme.

Les règles du jeu pour booster votre condition mentale

À ce stade, il ne s'agit pas seulement pour vous de dire au revoir à votre sentiment d'imposteur mais bel et bien de définir les règles du jeu qui vont vous permettre de booster votre condition mentale et de réduire votre IMI – indice de masse d'imposture – durablement dans le temps.

Qu'allez-vous donc vous promettre pour réunir toutes les conditions de réussite de votre entraînement mental ?

Le penseur, écrivain et médecin chamane Don Miguel Ruiz[1] a formalisé cinq accords toltèques en or pour une condition mentale au top :

1. Don Miguel Ruiz, *Les Quatre Accords toltèques : la voie de la liberté personnelle*, Édition Jouvence, 2018 et *Le Cinquième Accord toltèque*, Guy Trédaniel Éditeur, 2010.

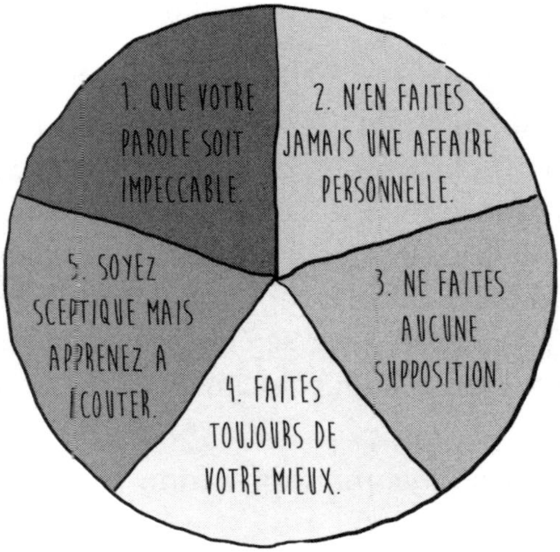

Répétez-les comme un mantra. Picorez-les matin, midi et soir. Convoquez-les chaque fois que cela vous semble nécessaire. Épinglez-les sur votre bureau. Relisez-les à votre guise. Choisissez l'option qui vous convient pour cadrer les règles du jeu de votre entraînement mental.

Décortiquons-les à présent un à un.

- « Que votre parole soit impeccable »

Cet accord vous invite à prendre conscience des mots que vous utilisez vis-à-vis de vous-même et d'autrui. Plus vous serez intègre dans vos propos, sans vous heurter ou heurter quiconque par vos phrases et plus votre mental aura les carburants nécessaires pour se renforcer.

- « N'en faites jamais une affaire personnelle »

Quoi qu'il se passe, peu importe la situation, il est important de mettre de la distance avec les propos que vous pouvez entendre à votre sujet. Il s'agit des projections des autres, suivant leur modèle du monde, leurs croyances et leurs vérités. En vous immunisant contre ces propos, vous allégez votre mental d'un sentiment d'imposture inutile. Cap sérénité et bien-être ! Vous ne serez plus une victime des autres ou de vous-même.

- « Ne faites aucune supposition »

Ayez le courage de clarifier les propos que vous pouvez entendre à votre sujet et d'éviter les malentendus, les distorsions, les drames et les bagarres inutiles qui ne feront que renforcer votre sentiment d'imposture jusqu'à vous faire sombrer dans les bas-fonds de vos pensées les plus noires. Posez donc des questions ouvertes et exprimez vos désirs pour vous et pour les autres.

- « Faites toujours de votre mieux »

En faisant de votre mieux en toute circonstance, vous évitez de vous juger sévèrement, de culpabiliser et d'avoir des regrets. Faire de votre mieux, c'est avoir conscience que votre mieux est en mouvement : il diffère d'une situation à l'autre. Néanmoins, il vous permettra en quasi chaque circonstance d'être indulgent par rapport à votre sentiment d'imposture et vous imposera une règle supplémentaire pour booster votre condition mentale.

- « Soyez sceptique mais apprenez à écouter »

C'est l'accord le plus récent formalisé par Don Miguel Ruiz. Ne prenez jamais pour argent comptant les propos que vous pouvez entendre et ceux que vous pouvez exprimer à votre sujet. Il y a toujours une intention que vous n'identifiez pas au premier abord. Votre esprit critique est donc fondamental pour booster votre condition mentale. Mais pas uniquement : l'écoute active de vos pensées ou de vos échanges avec les interlocuteurs est vitale. Elle vous permet de vous assurer que vous n'êtes pas englué dans votre triangle infernal de la communication *(cf. chapitre 5)*. Vous n'êtes ni victime, ni agresseur, ni sauveur. Vous êtes vous-même.

Les 5 accords toltèques de Don Miguel Ruiz vous ont certainement inspiré. Maintenant, c'est à vous de jouer ! Rédigez une version personnalisée des accords toltèques.

Étape 1

Vous allez déclarer vos règles du jeu vis-à-vis de vous-même et de votre sentiment d'imposture.

....

....

....

Lorsque nous faisons réaliser l'exercice à Blandine, celle-ci, inspirée par Maître Yoda, inscrit les accords suivants :
« Moi, Blandine, pour être pleinement dans la réussite et dire au revoir à mon sentiment d'imposteur durablement :
- *"Régulièrement : confiance en moi, j'aurai" ;*
- *"Fréquemment : indulgence vis-à-vis de mon parcours, je ressentirai" ;*
- *"Jovialement : des compliments à mon égard, je prononcerai" ;*
- *"Rapidement : formation et diplômes j'obtiendrai" ;*
- *"Activement : réconfort des proches je chercherai" ».*

Étape 2

Formalisez désormais le système de vigilance que vous allez mettre en place pour vous assurer que vous allez bien suivre vos accords. Il peut d'agir d'un complice, d'un Post-it, un pense-bête, etc.

....

....

....

Blandine, à ce stade, nous assure qu'elle affichera cette feuille sur sa porte d'entrée et qu'elle pourra ainsi la relire à chaque sortie de son domicile.

Les ingrédients supplémentaires : la communication avec soi et les autres

Vous avez cadré les règles du jeu de votre entraînement mental qui permettront de dire au revoir à votre sentiment d'imposteur durablement. Comment allez-vous désormais maintenir la dynamique dans le temps ?

- Premier ingrédient :
  l'écoute active par le body scan

Nous avons évoqué lors des accords toltèques un ingrédient majeur : l'écoute active. « Écouter activement », cela signifie d'écouter pleinement ses ressentis, ses émotions, ses pensées, ses propos.

Comment l'expérimenter ?

Nous proposons à Blandine de réaliser un body scan. Nous l'invitons d'abord à fermer les yeux et à écouter pleinement ce qu'il se passe à l'intérieur d'elle-même. Au démarrage, Blandine a du mal à se mettre dans l'exercice. Elle rigole franchement, puis résiste en prétextant son inaptitude, peste, râle. Inquiète de ce qui va lui arriver, elle négocie pour le faire plus tard dans la séance.
Nous l'invitons à prendre son temps et quelques bouffées d'oxygène afin de rassurer son cerveau. (Eh oui : il s'agit d'une sortie de zone de confort qui peut entraîner la bascule dans une zone de tempête !) Puis Blandine se tait, son rythme cardiaque s'apaise. Sur son visage les tensions

disparaissent et sa peau retrouve son teint naturel rosé. S'ensuivent trois minutes supplémentaires puis nous l'invitons à retrouver l'ici et maintenant, tout doucement, à son rythme, et à réouvrir les yeux.
Blandine prend des stylos et colorie la silhouette d'un homme comme ci-dessous.

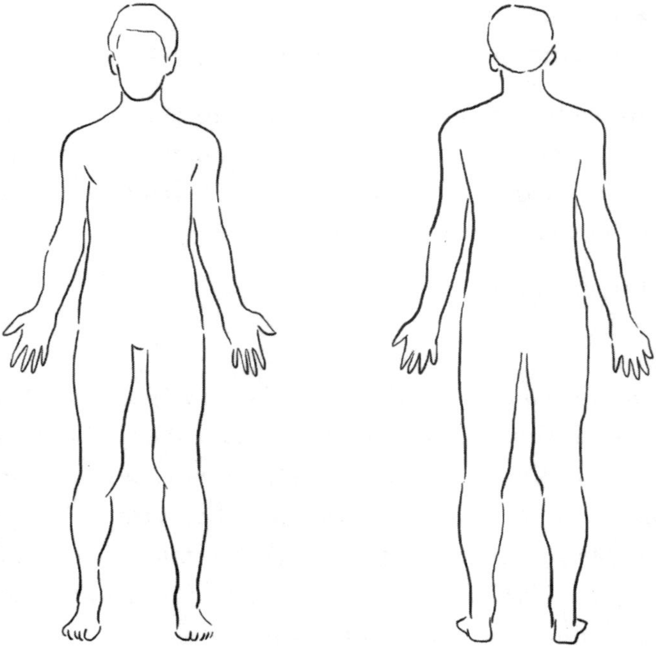

Elle réserve les couleurs noires pour ses zones de tension au ventre, au plexus solaire et à l'estomac, en ajoute quelques-unes au niveau des cervicales. Elle prend ensuite les couleurs

plus vives et réconfortantes pour le cœur, son cerveau, ses poumons et ses pieds.
À la fin de cet exercice, Blandine prend la parole : « C'est la première fois que je m'autorise à écouter activement mon corps. Mon corps communique avec moi ! Mon sentiment d'imposteur se localise dans mon ventre, dans le plexus solaire, un peu l'estomac et mes cervicales. Plus je respire et plus j'apaise mes pensées noires. Plus je respire et plus je ressens des émotions motrices.

Et vous, qu'en dit votre body scan ? Écoutez activement votre corps et coloriez à votre tour la silhouette ci-dessus.

En réalisant cet exercice de body scan, vous vous êtes pleinement immergé dans l'écoute active. Cet exercice vous inspirera désormais pour écouter activement ce qui se passe à l'intérieur de vous. Reproduisez cette réflexion lorsque vous interagissez avec les autres. L'écoute active peut se pratiquer les yeux ouverts. Il s'agit d'un véritable exercice de pleine conscience.

Formalisée par Jon Kabat-Zinn, médecin, fondateur de la clinique de réduction du stress, la « pleine conscience » est la traduction française de *« mindfulness »* en anglais, désignation pour distinguer une forme de méditation qui vise à réduire le stress et à prévenir des rechutes dépressives.

Le psychologue américain Elias Porter, quant à lui, complète l'écoute active en formalisant les six attitudes d'écoute déterminant ainsi la qualité et le style d'écoute de soi et à l'autre :

- l'attitude évaluation-jugement ;
- l'attitude interprétation ;
- l'attitude soutien/relation d'aide ;
- l'attitude investigation/enquête ;
- l'attitude orientée solutions ;
- l'attitude empathique.

Il est important de diversifier vos attitudes d'écoute pour que celle-ci ne soit pas figée dans un mode qui risque de vous desservir ou d'être inadaptée à la situation. L'écoute active de soi et des autres est donc au confluent de six attitudes d'écoute, tout est une question d'équilibre.

Mais retrouvons notre Père Noël, qui a décidé de convoquer la fabrique en plénière. Les résultats du dernier trimestre ne sont pas au beau fixe et *a priori* ils partent dans la mauvaise direction. Le Père Noël est agacé : il voit bien que tout le monde est engagé, mais rien n'y fait. Il constate que les enfants croient de moins en moins aux contes de Noël. De plus, La Poste ne livre plus les courriers et les lettres des humains : les frais sont exorbitants. Les magasins de cadeaux font des copies époustouflantes des jouets de la fabrique. Enfin, à l'heure d'Internet, les drones livreurs dématérialisés des humains sont plus performants que le traîneau des huit rennes.

Le Père Noël demande à ses acolytes : « Je ne vois plus en quoi nous sommes légitimes. Quelle imposture… Qu'en pensez-vous les amis ? »

Un premier lutin s'exclame : « Oui, bah, c'est bien toi, Père Noël, tu ne communiques plus avec nous, nous sommes en octobre et ce n'est que maintenant que tu te réveilles ? Bravo, le top management ! »

Un deuxième répond : « Je te connais, Père Noël, j'ai le sentiment que tu ne nous dis pas tout. Je suis sûr que c'est ta manière à toi de nous présenter ton départ à la retraite. »

Un troisième en mode majorette : « Père Noël, allez, tout va bien, c'est toi le meilleur ! »

Un quatrième : « Père Noël, d'où viennent tes chiffres et tes constats ? Es-tu certain d'avoir bien regardé la bonne période ? Tu as encore eu des soucis avec ton nouvel ordinateur ? Tu n'as pas sauvegardé correctement les data collectées sur PereNoelBook ? »

Un cinquième : « Et si nous nous faisions accompagner par les lutins-coachs pour rebondir ? »

Un sixième rassurant : « J'entends ce que tu dis, Père Noël, et je te comprends. »

Devant cette cacophonie généralisée, le Père Noël monte en pression. Les lutins-coachs-médiateurs prennent le relais. Ils ont identifié les 6 attitudes de Porter chez les lutins qui ont pris la parole :

- le premier adopte une attitude d'évaluation/jugement ;
- le deuxième, une attitude d'interprétation ;
- le troisième, une attitude de soutien/relation d'aide ;
- le quatrième, une attitude d'investigation/enquête ;
- le cinquième, une attitude orientée solutions ;
- et le sixième, une attitude empathique.

Heureusement, le septième prend posément la parole de façon assertive : « Nous ne sommes pas exemplaires là et nous nageons en pleine imposture ! Réfléchissons avant de passer à la suite. Qu'est-ce que cela vous inspire ? »

La fabrique retrouve petit à petit son calme et les conditions favorables pour envisager l'avenir de manière positive.

Plus tard, les lutins mettront en place : des ateliers de pleine conscience ; des douches de compliments au sein de la fabrique pour prévenir des risques psycho-sociaux ; des stages individuels pour booster l'efficacité ; des ateliers de codéveloppement pour valoriser l'intelligence collective ; des cercles sociocratiques pour revisiter l'organisation de la gouvernance et fonctionner sans structure de pouvoir centralisée, ainsi que des cours de yoga du rire pour s'en remettre.

Grâce à toutes ces mesures, la culture feedback se diffusera dans l'atelier. Tous auront : retrouvé confiance en eux, effacé le sentiment de ne pas être légitime là où ils sont, boosté leur estime d'eux-mêmes, musclé leur communication et aéré leur cerveau. Et ce, en passant par l'écoute active et en adoptant le bon niveau de communication pour eux et les autres.

La fabrique adoptera un nouveau leitmotiv : « Au revoir, président, au revoir les taux de transformation, au revoir le nombre d'articles par client ! Ce qui prime désormais, c'est le niveau de tendresse, d'affection et de sourires ressentis par les enfants ! »

■ Deuxième ingrédient : l'assertivité pour soi et les autres

Vous savez faire preuve d'écoute active et équilibrer votre attitude d'écoute, que ce soit pour vous ou pour les autres. En opérant cette démarche, vous consolidez les règles du jeu pour booster votre condition mentale. Un autre ingrédient peut vous aider à limiter les réapparitions du sentiment d'imposture dans le temps : l'assertivité.

Docteur en psychologie clinique américain dédié à la communication orale et à la prévention des conflits interpersonnels, Thomas Gordon est le premier à conceptualiser la relation à soi et aux autres gagnante-gagnante. Dans ses travaux de recherche, il a formalisé les quatre niveaux de communication suivants :

- la communication-agressivité ;
- la communication-manipulation ;

- la communication-fuite ;
- la communication-assertivité.

Plus vous vous éloignez de la communication-assertivité, et plus vous vous rapprochez de votre sentiment d'imposture.

En communication, tout est question de posture et d'imposture. Eric Berne, le psychiatre américain fondateur de l'analyse transactionnelle, a identifié trois composantes de la personnalité qu'il qualifie d'états du moi : le « Parent », qui correspond au comportement « appris », l'« Adulte » ou comportement « rationnel » et l'« Enfant », qui relève des émotions et des sentiments. Si l'état du moi Adulte n'a qu'une déclinaison possible, les deux autres « états du moi » en ont plusieurs.

Le Parent, en effet, peut être un « Parent Nourricier », qui protège et sauve, ou « Parent Normatif » qui critique et persécute *(cf. chapitre 5)*. L'enfant, lui, peut être tour à tour « Adapté Soumis », lorsqu'il a intégré les injonctions du « Parent », ou « Adapté Rebelle » lorsqu'il se révolte contre ce même référentiel de pensée. L'« Enfant Libre », enfin, est spontané et indépendant.

Vous évoluez constamment d'un état à l'autre dans vos interactions, et ce sont vos choix de posture qui vont déterminer l'évolution de la relation et les jeux psychologiques qui vont en découler.

Si vous vous posez comme « Adulte » et adoptez une pensée rationnelle vis-à-vis de vous-même et des autres, en prenant vos décisions sur la base de raisonnements objectifs à partir de votre expérience, alors, vous avez une communication assertive. Vous n'êtes pas dans l'imposture.

Par contre, dès que vous adoptez exclusivement l'état du moi « Parent » ou « Enfant », vous prenez le risque de déséquilibrer la relation et d'entrer dans un jeu psychologique qui renforcera votre sentiment d'imposture.

Avec la communication-agressivité, votre message implicite ou explicite est : « Tu es nul ! » Vous incarnez si fort cette conviction que vous la transmettez à votre interlocuteur pour asseoir votre pouvoir. Vous vous positionnez ainsi dans une relation de « Parent Normatif » qui critique et persécute à « Enfant Rebelle » qui se révolte contre votre modèle de pensée, ce que votre interlocuteur ne va pas pouvoir tolérer. Parfois, vous portez ce même regard sur vous-même. Vous vous agressez avec des jugements implacables. Dans les deux cas, vous déséquilibrez le discours intérieur et/ou extérieur et renforcez votre sentiment d'imposture.

Avec la communication-manipulation, vous distordez la réalité des propos et vous positionnez dans une posture de « Parent Nourricier » à « Enfant Adapté Soumis ». En interprétant, vous vous prenez pour un mentaliste ou un devin. Vous cherchez le sens caché des phrases et embellissez ou dramatisez ce que vous vivez. Vous affirmez que « tout va bien » alors que vous êtes au bord du gouffre : le sentiment d'imposture bien calé contre votre glotte, vous procrastinez pourtant depuis un mois sur le dossier à rendre. Là encore, vous déséquilibrez le discours intérieur et/ou extérieur pour masquer votre sentiment d'imposture. Vous obtenez même l'effet inverse : vous le nourrissez !

Avec la communication-fuite, vous prenez vos jambes à votre cou hypertendu. Vous avez adopté la politique de l'autruche et vous vous appliquez à n'être responsable de rien. Dans votre état « Enfant », vous noyez le poisson dans la machine à café, fuyant littéralement les vraies interactions pour vous plonger dans vos pensées les plus noires, voire absorber celles de vos interlocuteurs. Autre option possible dans la fuite : vous niez tout en bloc, malgré les tentatives de vos relations. Que se passerait-il si vous preniez un peu de recul, et retrouviez votre état du moi « Adulte » en écoutant activement ? Vous vous apercevriez certainement que vous êtes mort de peur. Peur du conflit, peur de ne plus être aimé… Et que vos peurs gouvernent votre sentiment d'imposture.

Avec la communication-assertivité, vous interagissez d'« Adulte » à « Adulte », et utilisez des phrases du type : « Je comprends ce que tu dis. Je perçois les choses autrement » ; « Ce que tu dis est intéressant. C'est ton point de vue, et je ne le partage pas parce que… », sans aucun sentiment d'imposture. Vous pouvez ainsi exprimer d'égal à égal vos pensées objectives et vos sentiments. Vous pouvez partager vos points de vue et construire une relation respectueuse.

Souvenez-vous de nos lutins médiateurs. En introduisant la notion d'assertivité au sein de la fabrique pleine d'émois, ils réussissent à désamorcer le conflit et à mettre en place les conditions favorables de relations gagnantes-gagnantes entre les différents membres de leur équipe.

Vous transmettez à vous-même et/ou à votre interlocuteur vos pensées sans agresser, sans manipuler et sans fuir. Vous osez vous exprimer, vous osez dire non, vous osez vous défendre tout en vous respectant et respectant votre interlocuteur.

Quoi d'autre pour rendre votre sentiment d'imposteur K.-O. ?!

▪ Troisième ingrédient : la méthode FETE

Inspirée de techniques de communication pour prévenir des conflits dans les relations interpersonnelles, cette méthode favorise le feedback positif ou constructif pour soi et les autres. Elle se décompose ainsi :

- **F**aits + conséquences +/- : se focaliser sur les faits, difficilement questionnables ;
- **E**xpression et récolte des ressentis : accuser réception des ressentis (l'écoute active) ;
- **T**errain d'entente et solutions : se mettre en mouvement pour trouver un terrain d'entente (une solution) ;
- **E**ngagements mutuels : s'engager à passer à l'action pour atteindre le nouvel objectif.

Blandine, après avoir réalisé son diagnostic de communication, prend conscience qu'elle a tendance à fuir le discours et à ne pas oser dire les choses qui la dérangent franchement. Elle en déduit également que cela a un impact fort sur son sentiment d'imposture et qu'elle a ainsi une fâcheuse tendance à s'isoler et à se faire des films noirs, ce qui peut parfois la mettre dans un état émotionnel si sombre qu'elle préfère se mettre sous la couette et attendre que cela passe. Elle note qu'elle répète régulièrement ce schéma et que chaque fois son sentiment d'imposteur grossit davantage. Cela l'inquiète particulièrement, d'autant que la fin de sa période d'essai approche.
Elle décide alors d'utiliser la méthode FETE.

Méthode FETE	Mon script
Faits + conséquences +/-	*+ : Outils, accompagnement, intégration, au top, cela me permet de faire mon travail dans un bon environnement* *– : du mal à arbitrer les priorités et à y voir clair à l'intérieur de la mission donc cela me désorganise, je peux perdre du temps*
Expression et récolte des ressentis	*Je suis vraiment satisfaite de cette mission mais vais-je pouvoir rendre les attendus à temps ?* *Et vous, qu'en pensez-vous ?*
Terrain d'entente et solutions	*Je vais capitaliser sur ce qui fonctionne déjà et j'envisage de mettre en place des points plus réguliers, hebdomadaires, avec le référent gouvernance, M. le directeur. Quelles seraient les autres options ?*

Engagements mutuels	*Je m'engage à maintenir mon autonomie sur tel sujet et à revenir vers vous avant la fin de la période d'essai pour voir avec vous si j'ai progressé sur les autres points*

Mes conclusions :

« C'est franchement la fête ! La communication glisse toute seule. Je vais me l'appliquer à moi-même quand je sens que je bascule du côté obscur de mon sentiment d'imposture. »

Blandine réalise ainsi qu'elle doit décider avant la fin de sa période d'essai si elle correspond aux attentes de son employeur. Elle souhaite préparer son script pour s'entretenir avec la direction des ressources humaines, et leur transmettre un signal positif fort le plus objectif qui soit.

Et vous, quel serait votre script FETE pour continuer à entretenir votre condition mentale et être dans la bonne dynamique ? Inspirez-vous de Blandine !

Méthode FETE	Mon script
Faits + conséquences +/-	
Expression et récolte des ressentis	

Terrain d'entente et solutions	
Engagements mutuels	
Mes conclusions	

Plus vous répéterez le geste et plus votre gymnastique cérébrale produira ses effets, les neurosciences cognitives l'ont prouvé !

Pas besoin d'être parfait : le droit à l'humour et à l'erreur

Lorsque vous rebondissez vis-à-vis de votre sentiment d'imposture, quoi de mieux qu'une vraie bonne dose d'humour ? Cet ingrédient s'est révélé être l'une des principales clés de votre condition mentale et pour cause : ses bienfaits sont nombreux.

Janet M. Gibson (professeure en psychologie positive au Grinnell College) démontre dans un article[1] que l'humour est un atout majeur dans la santé mentale. Il réduit le stress perturbateur que l'on peut parfois ressentir à notre égard. Il nous rapproche des autres. Encore faut-il réaliser ici quelques exercices de souplesse cogni-

1. Janet M. Gibson, « Getting serious about funny: Psychologists see humor as a character strength », *The Conservation*, 24 août 2016.

tive et entraîner son sens de l'humour. Celui-ci n'est pas inné, nous diront les aficionados du genre, qui manient plutôt bien l'art de la blague en toute circonstance !

Vous avez le droit à l'humour. Certes, le vôtre n'est peut-être pas toujours à propos ou génère parfois des blancs lorsque vous vous lancez dans l'arène des lions le matin avec vos collègues. Pour autant, avoir le sens de l'humour et de l'autodérision permet de dérider votre sentiment d'imposture et de lui couper l'herbe sous le pied en un tour de main !

Lorsque Blandine réalise son retour sur expérience à la suite de son échange à mi-parcours de sa période d'essai avec la DRH, nous l'invitons à lister les ingrédients qui lui ont permis de transformer son pépin en pépite. Ses premières réponses furent : « J'étais de bonne humeur, ça aide. Je me suis répété mes accords, comme Maître Yoda. J'ai réussi à placer quelques blagues. La directrice a ri quand je lui ai fait le sketch de ma journée type. J'ai alors été chaleureusement remerciée pour ce que j'apporte : je suis un "rayon de soleil plein de fraîcheur", et ne suis plus à une incohérence près. J'ai toujours le sourire lorsque je repense au premier tweet/selfie de la directrice pendant l'échange, situation peu banale et tellement cocasse. »

Vous avez droit à l'humour et droit à l'imperfection ! Souvenez-vous de ce que nous avons pu écrire lors des premiers chapitres sur les pilotes de vie. En pratiquant régulièrement l'autodérision, vous faites taire votre petite voix intérieure qui vous promet de manière fallacieuse que si vous êtes parfait vous vous débarrasserez de votre sentiment d'imposture.

À quand remonte la dernière fois où vous avez ri de vous-même ?

Blandine nous décrit la scène ci-dessous.

Mon sentiment d'imposture	La situation drôle que j'ai vécue à ce sujet
Découverte de la nouvelle version de Photoshop. Je m'embrouille dans les calques et compagnie. Je commence à stresser, je perds mon temps, je me trouve nulle. Finalement, j'arrive à sortir un truc à peu près passable. J'envoie le tout chez l'imprimeur et je filtre ses appels de peur de devoir m'y recoller.	*L'imprimeur finit par me joindre en direct, je n'ai pas pu y échapper. « Blandine, vous êtes nouvelle, on va vous briefer. Maintenant, c'est vous le client, donc vous vous laissez faire, on se charge de la conception graphique, votre doc était suffisant et très bien construit. Bon, c'est sympa d'avoir laissé faire le stagiaire. » « Euh, non, c'est moi qui ai réalisé le montage. » Gros éclats de rire des deux côtés. Conséquence positive : il m'a invitée à faire une immersion en conception graphique pour me donner des tuyaux de pro !*

Et vous, replongez dans situation drôle que vous avez vécue nageant en plein sentiment d'imposture.

Mon sentiment d'imposture	**La situation drôle que j'ai vécue à ce sujet**

Que vous a permis de faire votre humour à ce moment-là ?

....

....

....

Qu'avez-vous envie d'en faire pour votre condition mentale demain ?

....

....

....

L'humour aurait donc des vertus thérapeutiques. Pour Janet M. Gibson, il permet d'envisager sa vie de manière positive, comme l'ont prouvé ses travaux de recherche récents en testant et mesurant le score de plusieurs étudiants sur différentes échelles d'humour.

Votre droit à l'humour, c'est votre droit à l'erreur. Et l'erreur est une formidable pépite pédagogique. Plantez-vous et riez ! Votre sentiment d'imposteur aura la chique coupée : le voilà sans voix, dérouté !

L'art subtil de la relativisation

La méthode du thérapeute psychosensoriel Roger Vittoz[1] vous permet de relativiser sur votre état et votre sentiment d'imposteur. Elle consiste à évacuer toute pensée négative et perturbatrice en faisant le vide en soi.

Comment ? En contrôlant davantage son système cérébral et en déjouant quelques tours de passe-passe que maîtrise très bien notre espèce humaine afin de nous faire basculer du côté sombre de notre condition.

Pour cela il faut : apprendre ou réapprendre à s'écouter activement ; ressentir les émotions ; faire le tri entre les émotions motrices et perturbatrices *(cf. body scan, p. 189)* et penser pour se libérer des conditionnements cérébraux néfastes.

1. Roger Vittoz, *Traitement des psychonévroses par la rééducation du contrôle cérébral*, Desclée de Brouwer, 2016.

■ La marche consciente ou ligne d'état

Cet exercice s'inspire de la méthode Vittoz visant à rétablir le contrôle de ses actes et de ses pensées en se basant sur le contrôle de la marche et de ses sens.

Lors de notre dernière séance avec Blandine, elle nous annonce avoir été confirmée dans son poste : ses objectifs sont atteints. Ce n'est qu'un début. Nous l'invitons à réaliser un exercice de préparation mentale digne des plus grands sportifs : marche consciente pour se réapproprier son corps… et son esprit.
Nous faisons réaliser à Blandine une marche sur une ligne d'état matérialisée par des papiers au sol contenant une évaluation chiffrée de son état : 1, elle n'est pas très en confiance, 10, elle est très en confiance.
Elle est plutôt à 6/10 en début de séance, et à la fin, elle aimerait être à 9. Elle pense que cela lui permettra de se sentir pleinement en confiance : ses pensées seront claires, positives et elle aura le sourire.
Elle se positionne sur le papier correspondant au 6. Les yeux fermés, elle se déplace de papier en papier et progresse sur son échelle de la confiance. Elle prend le temps de respirer et de scanner ses sensations qu'on lui demande de verbaliser.
Voilà ce qu'elle dit à chaque étape :

Échelon	Les mots de Blandine pour décrire son état
6	*J'ai l'impression d'avoir déjà accompli un grand pas mais mes pensées sont floues. J'ai des tensions dans le cou et le bas du dos. Je respire vite, comme si j'étais un peu déséquilibrée.*
7	*En faisant un pas en plus, cela va mieux niveau stabilité mais je respire encore très vite.*
8	*Je n'ai pas très envie de rester à cet échelon, je suis proche du but, je saute vers le 9 !*
9	*Je me sens apaisée. Je respire de manière fluide et calme. C'est comme si je m'étais vidée intérieurement de pensées qui m'encombrent.*
10 et plus ?	*Waouh, en allant sur ce papier, c'est l'extase : je me sens trop bien !*
Ses conclusions *Le chemin à parcourir pour relativiser n'est pas si long.* *Je me sens renforcée intérieurement et parée pour mon avenir.* *Je suis sur la bonne voie.*	

À vous de jouer ! Matérialisez votre ligne et remplissez votre échelle de confiance : 1, vous n'avez pas confiance en vous, 10, vous êtes au top.

À combien êtes-vous ?

....

À quel échelon voulez-vous accéder ?

....

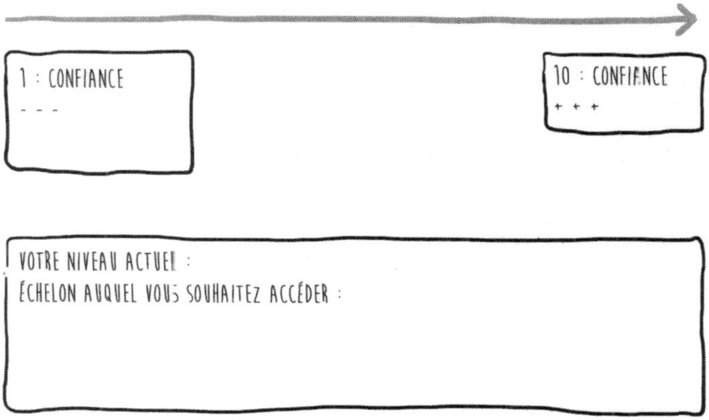

Sur quatre papiers découpés, inscrivez les 4 chiffres de votre ligne d'état :

- 1 ;
- votre niveau actuel ;
- votre échelon désiré ;
- 10.

Disposez-les à terre de 1 à 10. Fermez les yeux, gravissez les échelons un à un en posant la question chaque fois : « Qu'est-ce que je ressens ? » Formulez à voix haute vos réponses.

Au dernier échelon gravi, respirez et ouvrez à nouveau les yeux.

Que ressentez-vous à présent ?

....

....

■ La liste de ma souplesse cognitive

Vous venez d'effectuer une première visualisation de votre condition mentale détachée de son sentiment d'imposteur, et ce de manière durable.

Ce n'est qu'une première visualisation de ce nouvel état. Listez maintenant toutes les sources d'inspiration qui vous permettent de renforcer votre souplesse cognitive.

Sur sa liste Blandine écrit : je suis souple cognitivement comme :
- *une gymnaste de haut niveau ;*
- *un chat ;*
- *un élastique dans les cours de récré ;*
- *Einstein ;*
- *Basquiat.*

À vous de jouer ! Faites votre liste.

Je suis souple cognitivement comme :

- ....
- ....
- ....
- ....
- ....

Les petits pas de côté

Maintenant que vous vous savez agile, résistant aux chocs et aux secousses que peut générer le retour non attendu de votre sentiment d'imposture, anticipez : prévoyez l'imprévu !

Imaginez que pour x ou y raison, l'objectif SMARTIES que vous vous étiez fixé dans les chapitres 7 et 8 vis-à-vis de votre sentiment d'imposture ne puisse pas se réaliser. Rien n'est perdu ! Identifiez alors trois solutions de contournement ou de dépassement en cas d'obstacle pour continuer à développer votre souplesse et votre résilience.

Répétez cette réflexion chaque fois qu'un objectif ne peut être réalisable pour une raison qui ne soit pas de votre fait : vous vous inscrirez dans un processus de spirale de développement dynamique.

Blandine s'est fixé comme objectif SMARTIES pour renforcer sa confiance de s'inscrire à des cours de conception graphique certifiants, dès le mois prochain. Elle doit donc obtenir de sa DRH un financement.
Si cet objectif n'est pas réalisable, ses trois pas de côté seront :

- *utiliser mon CPF (compte personnel de formation) ;*
- *négocier 2 à 3 jours chez l'imprimeur en immersion ;*
- *suivre des MOOC certifiants en ligne.*

Écrivez ci-dessous vos trois pas de côté ou solutions de contournement.

- ....
- ....
- ....

Préparez-vous mentalement

Les spécialistes en neurosciences cognitives vous livrent leur méthode secrète pour se donner le courage de relever ses challenges : la préparation mentale.

Choisissez un petit objet qui vous réconforte. Il doit pouvoir être caché dans le creux de votre main. Cela peut être une figurine, un bijou, un caillou… Imaginez que cet objet est un talisman qui – hop ! – peut vous permettre d'oser passer à l'action.

Votre cerveau se prépare ainsi mentalement à franchir les différentes étapes et à résoudre par avance les difficultés potentielles auxquelles vous pourriez être confronté. Grâce à ce talisman, vous actionnez mentalement tous vos plans, les A comme les B ; vos neurones sont aux aguets alors que vous êtes encore dans votre fauteuil.

Formulez à voix haute ce qui va vous assurer que vous passerez à l'action.

Lorsque c'est clair dans votre tête, serrez fortement votre objet dans les mains.

Respirez tranquillement en ressentant le contact de cet objet dans votre main. Nourrissez-vous de toutes ces pensées positives à votre sujet.

À chaque inspiration, une pensée positive s'inscrit dans cet objet.

À chaque expiration, une pensée positive rejaillit et vous enveloppe.

Vous pouvez renouveler l'opération aussi souvent que vous le souhaitez.

Vous venez de créer votre déclic et de l'inscrire dans votre système cérébral pour suivre votre programme d'entretien quotidien. C'est de l'autohypnose.

Goûtez désormais au présent, évaluez vos ressentis, confrontez-les à vos attentes… et procédez aux réajustements !

Voilà, le temps est venu pour vous de rédiger votre lettre au Père Noël. Elle contiendra votre synthèse vis-à-vis de votre sentiment d'imposture. Que souhaitez-vous lui confier ? Quels messages les plus importants retenez-vous de votre aventure ?

Conclusion

Vous voici arrivé au terme de votre aventure. Alors, quels principaux bénéfices tirez-vous de votre lecture ? Vous avez réalisé un extraordinaire parcours du héros en 9 étapes. Désormais, vous savez :

- identifier les sources de votre sentiment d'imposture ;
- repérer comment il se manifeste en vous ;
- tourner les pages des contes et légendes familiaux ;
- cibler ses mécanismes ;
- oser sortir du sentiment d'imposture ;
- évaluer précisément votre indice de masse d'imposture ;
- enclencher le programme détox sentiment d'imposture ;
- renforcer votre estime ;
- booster votre condition mentale de manière durable.

Félicitations : ce parcours, c'est à vous que vous le devez !

En renonçant au sentiment d'imposture : vous assumez votre singularité indépendamment des normes ; vous vous réjouissez de ce qu'il peut vous apporter de positif tant sur le plan individuel que sur le plan collectif ; vous vous inscrivez dans un cercle vertueux de renforcement de votre confiance et vous vous ouvrez aux autres.

Ce qui vous mènera à une sérénité agile et à l'excellence.

Vous incarnez désormais la meilleure version de vous-même. Cette version sera authentique et correspondra pleinement à votre personnalité. Elle sera aussi respectueuse de votre héritage passé, parental, culturel et réconfortante afin de vous éloigner des dangers du saut de Tarzan (le changement ne doit pas s'effectuer d'une manière radicale. Il implique une progression, (*cf. chapitre 5*). Protectrice, elle vous enveloppera lorsque vous sortirez de votre coquille, et sensible afin d'accorder de la place à vos ressentis. Empathique, elle vous permettra de vous dévoiler tel que vous êtes réellement, avec vos talents et vos fragilités.

Vous voici prêt à affronter n'importe quelle situation avec discernement et lucidité. Quel plaisir d'apporter une touche ludique à ce qu'il reste de son sentiment d'imposture : c'est bel et bien à travers cette note de légèreté que vous vous autorisez à le dompter et à le transformer en un puissant moteur de développement personnel.

Vous êtes dans les starting-blocks, prêt à réaliser le marathon de l'estime de soi.

Votre sentiment d'imposture devient un extraordinaire terrain de jeu. Plaisir garanti ! Vous en avez lancé les dés. Afin de prolonger l'expérience, pensez à faire appel à vos complices : ils s'assureront avec vous que vous continuiez dans la bonne voie. Dans ce processus dynamique, accordez également de la place au hasard et à la sérendipité (capacité, art de faire une découverte, scientifique notamment, par hasard). Cultivez le don de faire des trouvailles comme Isaac Newton et sa pomme. Vous avez trouvé toutes les solutions à la grande énigme du sentiment d'imposture, diffusez maintenant le message, déposez-le dans les cheminées ! Le monde a besoin de vous.

Il ne vous reste plus qu'à évaluer les différents indicateurs CLARTÉ de votre estime de vous. Inspirée de la méthode CLARTÉ formalisée par Pascal Christin, consultant coach et médiateur, cette méthode permet aux managers de diagnostiquer le bien-être et la performance de leurs équipes grâce à six indicateurs de réussite : la Confiance, les Liens au sein de l'équipe, l'Autonomie, les Règles de collaboration, le Temps des plannings et l'Énergie des collaborateurs. Elle est notamment utilisée dans le cadre du management à distance et le passage au télétravail qui invitent à repenser le système de management.

Ici, nous nous en inspirons et la personnalisons à votre sentiment d'imposture, en optant pour six indicateurs d'évaluation de votre niveau d'imposture : Confiance en soi, Lien vis-à-vis du sentiment d'imposture, Auto-détermination sur les actions entreprises,

Respect de soi, Temps de qualité à s'accorder, Émotions ressenties.

À quel niveau de **C**onfiance vous situez-vous sur une échelle de 1 à 10 (1 pas très confiant, 10 très confiant) ?

…………………………………………………………………………

Où en est votre **L**ien avec votre sentiment d'imposture ?

…………………………………………………………………………

…………………………………………………………………………

…………………………………………………………………………

Évaluez sur une échelle de 1 à 10 (1 pas très autodéterminé, 10 très autodéterminé), à quel point vous êtes **A**utodéterminé dans chacune des actions que vous entreprenez désormais ?

…………………………………………………………………………

…………………………………………………………………………

…………………………………………………………………………

En quoi vous **R**espectez-vous en ce moment ?

…………………………………………………………………………

…………………………………………………………………………

…………………………………………………………………………

Quel **T**emps de qualité accordez-vous à votre développement personnel ?

....

....

....

Quelles **É**motions ressentez-vous actuellement ?

....

....

....

Il ne vous reste plus qu'à célébrer et à savourer votre liberté.

Bibliographie

BAUDOUIN Charles, *L'Œuvre de Jung*, Petite Bibliothèque Payot, 2002.

BOURGEOIS Marina, *Burn Out. Le (me) comprendre & en sortir*, Oser rêver sa carrière, 2018.

BOWLBY John, *Attachement et perte – vol. 1, L'Attachement*, PUF, 2002.

CAMPBELL Joseph, *Le Héros aux mille et un visages* [1949], Oxus, 2010.

CHASSANGRE Kevin et CALLAHAN Stacey, *Traiter la dépréciation de soi – Le Syndrome de l'imposteur*, Dunod, 2015.

CLANCE Pauline Rose et IMES Suzanne Ament, « The Impostor Phenomenon in High Achieving Women », *Psychotherapy: Theory, Research & Practice*, vol. 15, n° 3, 1978, pp. 241-247.

CLANCE Pauline Rose, *The Impostor Phenomenon: When Success Makes You Feel Like A Fake*, Toronto, Bantam Books, Copyright, 1986.

CYRULNIK Boris, *Un merveilleux malheur*, Odile Jacob, 1999.

CYRULNIK Boris, *Les Vilains Petits Canards*, Odile Jacob, 2001.

GIBSON Janet M., « Getting serious about funny: Psychologists see humor as a character strength », *The Conservation*, 24 août 2016.

KAHLER Taibi, *The Process Therapy Model: The Six Personality Types with Adaptations*, Taibi Kahler Associates, 2008.

KARPMAN Stephen, *Le Triangle dramatique – Comment passer de la manipulation à la compassion et au bien-être relationnel*, Interéditions, 2017.

KÜBLER-ROSS Elisabeth, *On Death and Dying*, Simon & Schuster, 1997.

MANZANO Juan, *Les Scénarios narcissiques de la parentalité*, PUF, coll. « Le fil rouge », 2009.

NEWTON Trudi et NAPPER Rosemary, *Tactics: Transactional Analysis Concepts for all Trainers, Teachers and Tutors*, TA Resources 2000.

NOLEY James, *Dictionnaire de la psychiatrie*, CILF, 2012.

NOTHOMB Amélie, *Stupeur et tremblements*, Albin Michel, 1999.

PARETO Vilfredo, *Traité de sociologie générale*, Librairie Droz, 1968.

PERROT Martyne, *Faut-il croire au Père Noël ?*, Le Cavalier bleu, 2010.

Ruiz Don Miguel, *Le Cinquième Accord toltèque*, Guy Trédaniel Éditeur, 2010.

Ruiz Don Miguel, *Les Quatre Accords toltèques : la voie de la liberté personnelle*, Édition Jouvence, 2018.

Stewart Ian, *Key Figures in Counselling and Psychotherapy, Eric Berne*, Sage publications, Series Editor Windy Dryden, 1992, p. 30.

Strub-Delain Mariette, *Le Petit Livre de l'estime de soi*, First Éditions, 2017.

Vittoz Roger, *Traitement des psychonévroses par la rééducation du contrôle cérébral*, Desclée de Brouwer, 2016.

Werder Peter et Rothlin Philippe, *Boreout!: Overcoming Workplace Demotivation*, Kogan Page Ltd, 2007.

Werner Emmy, *Through the Eyes of Innocents*, Basic Books, 2001.

Index des personnes citées

Table des matières

Boostez votre confiance en vous
avec les éditions Larousse

LAURENCE BOURGEOIS
LES GENS
HEUREUX
ONT TOUJOURS UN
PLAN B
« Un livre qui allège l'avenir. »
Florence Servan-Schreiber
LAROUSSE

Nathalie Lefèvre

Préface de Géraldyne Prévot-Gigant

C'est décidé, je m'épouse !

Choisis-toi, le monde te choisira

Larousse

Composition et mise en pages
Nord Compo à Villeneuve-d'Ascq

PAPIER À BASE DE FIBRES CERTIFIÉES

LAROUSSE s'engage pour l'environnement en réduisant l'empreinte carbone de ses livres. Celle de cet exemplaire est de :
700 g éq. CO_2
Rendez-vous sur www.larousse-durable.fr

Achevé d'imprimer en Italie par Grafica Veneta S.P.A
Dépôt légal : novembre 2019
322766/01 – 11039741 – octobre 2019